# R. P. J. DURAND

MISSIONNAIRE

# Pages d'Evangile

AVIGNON

MAISON AUBANEL PÈRE, ÉDITEUR

IMPRIMEUR DU SAINT-PÈRE

1930

# Pages d'Evangile

*Imprimatur :*

Avignon, le 1ᵉʳ octobre 1929.

E. LUCQUIN,
*Vic. gén.*

# R. P. J. DURAND

MISSIONNAIRE

# Pages d'Evangile

AVIGNON

MAISON AUBANEL PÈRE, ÉDITEUR

IMPRIMEUR DU SAINT-PÈRE

1930

# PRÉFACE

*Evangile du Christ, Evangile sublime !*
*Clair comme le soleil, profond comme l'abîme,*
*Aliment du chrétien, école de la foi,*
*Livre de vérité, rien n'est plus beau que toi.*
*— Tu renfermes écrits dans tes modestes pages*
*Les gestes, les discours du plus sage des sages.*
*Le chrétien qui te lit avec simplicité*
*Trouve en toi la lumière avec la sainteté.*
*— Evangile béni du Christ le divin Maître,*
*J'ai voulu te chanter en mes vers, moi son prêtre.*
*Agréez, s'il vous plaît, Jésus, mon chant pieux*
*Et daignez me bénir, éternel Roi des Cieux.*
*— Daignez bénir aussi, Jésus la bonté même*
*Les chrétiens qui liront ce modeste poéme.*
*Qu'ils s'attachent à Vous par un plus grand amour*
*Et parviennent enfin à l'éternel séjour.*

# PAGES D'ÉVANGILE

## Evangile de Noël

Au principe de tout, vivant au sein du Père
Etait le Verbe saint, lumière de lumière,
Eternel, infini, présent dans chaque lieu.
Et ce Verbe du Père, avec le Père est Dieu.
Par Lui tout fut créé : le ciel, la terre, l'onde.
Il dissipe la nuit, il éclaire le monde.
Il est venu sur terre et les hommes l'ont vu
Mais beaucoup parmi nous, hélas ! l'ont méconnu.
Tous ceux qui croient en Lui la sagesse infinie
De Lui-même ont reçu la lumière et la vie
Et ce Verbe éternel, ce Verbe à Dieu si cher,
Ce Verbe s'est fait homme en prenant notre chair.

# Noël

## Les Bergers de Bethléem

Des bergers sommeillaient là-bas sur le coteau
Pendant que leurs chiens noirs veillaient près du troupeau.
Tout était calme au ciel où des millions d'étoiles
Scintillaient en tremblant dans l'infini sans voiles....
Or, voici que soudain dans la nuit apparaît
Une vive clarté par-dessus la forêt :
Un ange lumineux à la blancheur de neige
Descend, suivi de près par un divin cortège
C'est Gabriel, celui que parfois le Seigneur
Envoie à ses élus comme un ambassadeur.
Puis des voix et des chants dans l'air se font entendre
Voix et chants inconnus que l'on ne peut comprendre....
... Cependant les bergers tirés de leur sommeil
Aperçoivent cet ange aussi beau qu'un soleil....
Tout d'abord ils ont peur, mais l'ange à la voix pure
Leur parle doucement, les calme, les rassure :
« Pasteurs, ne craignez pas !... Voici que vous est né
Le Messie attendu, le Sauveur adoré ;
Allez à Bethléem, là-bas dans une crèche
Est couché cet enfant sur de la paille sèche.
C'est Lui votre Sauveur. »
                    Puis l'ange dans la nuit
Disparut lentement à leur œil ébloui.

Et les voilà debout, ces pasteurs de campagne,
Ils vont à Bethléem au bas de la montagne.
Ils voient une lumière au creux d'un gros rocher.
Un homme les salue et leur dit d'approcher,
C'est Joseph l'humble époux de la très sainte Vierge
Il les guide en tenant en main un petit cierge....
Et voici cet enfant que l'ange à signalé,
Dans une crèche en bois sur la paille couché.
Dans un élan de foi, de respect et de crainte
Ils s'inclinent devant l'Enfant, la Vierge sainte
Heureux de contempler les premiers, le Sauveur,
Et de pouvoir donner tout l'amour de leur cœur.

# Dimanche dans l'Octave de Noël

## Scène de la Présentation de Jésus au Temple
### Le Vieillard Siméon

Du temple de Sion franchissant le portique
Joseph et son épouse au visage pudique
S'en vinrent présenter au prêtre d'Israël
L'Enfant-Dieu qui naquit en la nuit de Noël....
Combien il est charmant dans les bras de sa mère
Cet enfant présenté devant l'autel austère !
Un rayon de soleil passant par le vitrail
Baise son front de lis, ses lèvres de corail.
Un ange aux ailes d'or, un bel ange du temple
Vole en joignant les mains et ravi le contemple....
O Vierge, vous offrez à Dieu, Notre-Seigneur
Victime qui mourra plus tard pour le pécheur
Et vous êtes ainsi, Vierge, le premier prêtre
Offrant la pure Hostie à Dieu souverain maître....

Voici qu'un saint vieillard se présente à son tour,
Siméon dont le cœur est pour Dieu plein d'amour.
Conduit par l'Esprit saint il demande à Marie,
De presser sur son cœur à la fin de sa vie,
Ce Sauveur bien-aimé qu'Israël attendait
Il reçoit l'Enfant-Dieu comme il le demandait

Et voici que pressant l'enfant sur sa poitrine
Ce bon vieillard entonne une antienne divine :
— « Seigneur, Dieu d'Israël ! laissez mourir en paix
Votre vieux serviteur plus heureux que jamais
Car de mes yeux j'ai vu l'adorable Messie.... »
... Puis, le regard tourné tristement vers Marie,
Il ajoute : « O Marie, un glaive de douleur
A cause de Jésus percera votre cœur. »
— Il prédisait ainsi le drame du Calvaire
Qui ferait tant souffrir et le fils et la mère....

Elle reprit Jésus sans un cri, sans un mot,
S'efforçant d'étouffer en sa gorge un sanglot....

# L'Epiphanie

## Les Mages

Venez donc maintenant de vos terres lointaines,
O mages ! franchissez monts, chauds déserts et plaines.
Suivez diligemment cette étoile de feu
Qui va sur Bethléem où naquit l'Enfant-Dieu....

Et les rois sont venus diligents et dociles
Bravant tous les dangers de chemins difficiles....

Les voici parvenus enfin à Bethléem
Au sud du mont Sion et de Jérusalem.
L'étoile sur un toit lentement s'est posée
C'est là dans la maison qu'est le Roi de Judée,
Le Sauveur fils de Dieu fait homme par amour
Qu'une Vierge caresse et nourrit chaque jour.
Et voici qu'à ses pieds ces princes de la terre
Se prosternent, croyant l'ineffable mystère....
Ils adorent l'Enfant, ouvrent leur beau trésor,
Pour offrir de l'encens, de la myrrhe et de l'or,
Reconnaissant ainsi dans l'enfant de Marie
L'Homme, le Roi, le Dieu, le Maître de la vie....
Ils auraient bien voulu rester là plus longtemps ;
Mais un ange a parlé ; ces rois obéissants,

S'en vont sans aller voir Hérode le perfide
Qui nourrit en son cœur un désir homicide :
Celui de mettre à mort l'adorable Sauveur
Dont l'âme ne connaît que tendresse et douceur....
Ils s'en vont emportant dans leur âme la joie
Là-bas vers l'horizon où le soleil flamboie
Et ces Rois deviendront chrétiens et saints plus tard
Dénommés Balthasar, Melchior et Gaspard.

# 1ᵉʳ Dimanche après l'Epiphanie

## Jésus au milieu des Docteurs

La Vierge et saint Joseph s'en allaient chaque année,
Pour célébrer la Pâque, à la ville sacrée.
De toutes parts les Juifs venaient pareillement
Au temple de Sion, au saint rassemblement.
Là ville, ces jours-là regorgeait de fidèles
Venus pour assister aux fêtes solennelles
La prière de tous montait avec l'encens
Pendant que sur l'autel coulaient des flots de sang....

A douze ans l'Enfant-Dieu prit part à cette fête
Qu'on annonçait partout au son de la trompette.
Pour la première fois il vit le temple saint
Construit par Israël à son maître divin,
Ce temple qui devait plus tard tomber par terre
Quand le peuple romain fit une grande guerre.

La fête étant finie, il fallut regagner
Par le même chemin son pays, son foyer....
Marie et saint Joseph avaient quitté la ville.
Jésus, Lui, resta seul au temple bien tranquille....
Il voulait se mêler aux Docteurs d'Israël
Pour parler du Messie et des choses du Ciel.

La Vierge et son époux s'arrêtèrent en route
Pour attendre Jésus, ils pensaient que sans doute
Il n'était pas très loin et bientôt serait là.
Le soleil s'éteignit et la nuit arriva.
Personne n'avait vu l'enfant retardataire....
Le lendemain matin, quand parut la lumière,
Marie et saint Joseph revinrent sur leurs pas
Cherchant partout Jésus et ne le trouvant pas.
Dernier rayon d'espoir d'un chagrin sans exemple
Ils vont enfin chercher dans l'enceinte du temple.
... Ils se sont arrêtés près d'une porte en bois....
Ils entendent parler.... Ah ! c'est Lui, cette fois !
Ils entrent dans la salle.... Elle est pleine de monde
Regardant, écoutant l'enfant à tête blonde....
Il était là debout au milieu des savants,
Des Docteurs d'Israël. vieillards à cheveux blancs ...
Etonnés et ravis de voir tant de sagesse
Unie en cet enfant à tant de gentillesse.
Tous les regards étaient fixés sur son regard.
... Car il en imposait à tous. même aux vieillards
Marie et saint Joseph s'arrêtent sans rien dire,
Admirant cet Enfant que tant de monde admire,
Ecoutant eux aussi la divine leçon
Faite au nom du bon Dieu par ce petit garçon.
Lorsqu'il eut terminé. la Vierge lui fit signe.
Jésus s'approcha d'elle. Alors toujours très digne
Elle dit : « Mon enfant, et pourquoi faire ainsi,
Nous te cherchions partout avec pleurs et souci ?... »
— Et Jésus répondit à sa très bonne Mère :
« Je dois faire avant tout ce que veut Dieu, mon Père.

Et la Vierge comprit. Alors sans insister
Sur son front innocent elle mit un baiser.

# 2^me Dimanche après l'Epiphanie

## L'eau changée en vin

Dans l'Evangile on lit : Jésus en ce temps-là
S'en vint dans une ville ayant pour nom Cana.
C'était tout au début de son saint ministère.
Là, dans une famille il retrouva sa Mère,
Assistant au banquet d'un jeune marié ;
Jésus à ce festin fut aussi convié.
— Or, voici qu'à la fin de ce repas de fête
Le vin faisant défaut, l'âme toute inquiète,
La Vierge s'approcha de son aimé Jésus
Et lui dit à mi-voix : « Du vin, ils n'en n'ont plus ! »
C'était lui demander d'en faire par miracle
Sachant que pour Jésus il n'est aucun obstacle.
Mais Jésus répondit pour éprouver sa foi :
« Femme, qu'importe-t-il à Vous ainsi qu'à moi ? »
— La réponse pouvait décourager tout autre :
Jacques, Pierre et André ou même Jean l'Apôtre.
Mais Marie aussitôt appelle un serviteur
Et lui dit en montrant son Fils Notre-Seigneur ;
« Faites ce qu'il vous dit avec obéissance. »
— Jésus touché de voir la maternelle instance
Ordonne de remplir avec de l'eau du puits
Six grands vases de pierre ; et tous furent remplis.

Puis il fit appeler le chef de la cuisine.
Celui-ci vint bientôt de la pièce voisine.
Jésus lui dit : « Puisez dans chaque urne et goûtez. »
Le cuisinier goûta suivant sa volonté.
L'eau n'était plus de l'eau. C'était (quelle merveille !)
Du vin, du vin exquis, du vin couleur vermeille....

Jésus fit ce miracle (et, c'était son premier),
Pour montrer sa puissance à qui sait le prier,
Pour nous prouver encor que la Vierge sa Mère
A tout pouvoir sur Lui par sa sainte prière.

# 3<sup>me</sup> Dimanche après l'Epiphanie

## Le Lépreux. — Le Serviteur du Centenier

« Seigneur, si vous voulez, vous pouvez me guérir »,
Dit un jour à Jésus, un lépreux, vrai martyr
De ce mal que l'on dit encore inguérissable.
Et Jésus le toucha de sa main charitable,
Et la lèpre aussitôt de ce corps disparut.
Quelques instants après un autre homme accourut,
C'était un centenier ou mieux un capitaine.
S'adressant à Jésus avec une foi pleine,
L'officier prosterné lui dit : « Maître et Seigneur,
Il est dans ma maison un pauvre serviteur
Atteint depuis longtemps d'une paralysie;
Vous pouvez le guérir, Vous, maître de la vie ! »
Jésus lui répondit tout simplement : « J'irai
Ce soir même chez vous et je le guérirai. »
L'officier de répondre : « Ah ! je ne suis pas digne
Que vous veniez chez moi, Maître et Seigneur insigne !
Vous n'avez qu'à parler. Un seul mot vous suffit;
Mon malade à l'instant se lèvera guéri.
Moi, qui suis officier, aux soldats je commande
Et je suis obéi comme je le demande. »

— Jésus voyant la foi de ce bon centenier
Exauça son désir sans se faire prier.
« Allez ! Qu'il vous soit fait selon votre croyance,
Dit-il au centenier rempli de confiance. »

Celui-ci s'en alla de suite et, quel bonheur !
Il trouva sain et sauf son brave serviteur.

# 4ᵐᵉ Dimanche après l'Epiphanie

## La Tempête apaisée

Un jour Jésus voulut faire la traversée
Du lac de Tibériade ou mer de Galilée
Pour aller visiter sans doute un autre lieu,
Prêcher en même temps la parole de Dieu.
Or, voici que soudain là-bas loin du rivage
Un premier grondement fait pressentir l'orage.
Le ciel devient tout noir et le grand lac aussi
En reflétant le ciel peu à peu s'obscurcit....
Des éclairs plus fréquents annoncent la tempête
Et les flots soulevés déjà dressent leur crête.
Le vent faible d'abord devient un ouragan,
La barque est ballottée et se penche en avant....
La voile est inutile et la rame incertaine,
Les apôtres du Christ gouvernent à grand' peine.
Et pendant ce temps-là couché sur le tillac
Jésus se reposait, la tête sur un sac,
Il s'était endormi d'un sommeil bien tranquille,
Fatigué qu'il était des travaux de la ville....
Le vent devient plus fort, plus terrible l'éclair,
La barque prenant l'eau va sombrer dans la mer.
Les apôtres tremblants ont éveillé leur Maître.
« Seigneur ! nous périssons ! » Lui, l'auteur de tout être

Lentement se réveille et se mettant tout droit :
« Que craignez-vous ? dit-il, hommes de peu de foi ! »
Puis il tendit son bras et d'une voix puissante
Il domina le bruit des flots, de la tourmente :
« Calme-toi ! cria-t-il, orage furieux ! »
Et l'orage obéit au Créateur des Cieux.
Le vent ne souffla plus, la mer devint tranquille,
Obéissant à Dieu comme une enfant docile.

# 5<sup>me</sup> Dimanche après l'Epiphanie

## Le bon Grain et l'Ivraie

Un homme avait semé du bon grain d'ans son champ ;
Mais lorsque vint la nuit, un ennemi méchant
Profitant du sommeil de la nature entière
Sema parmi le grain de l'ivraie en la terre.
Au début du printemps quand le bon grain parut,
On vit le mauvais grain lui-même pousser dru.
Alors les serviteurs du père de famille
Voulaient couper l'ivraie à grands coups de faucille
Mais leur maître prudent leur dit : « Non, j'ai trop peur,
Que vous arrachiez tout. Attendez la chaleur,
Lorsque les épis mûrs seront tous bien visibles,
D'abord vous couperez l'ivraie aux grains nuisibles,
Ensuite le blé d'or. Vous mettrez celui-ci
En tas dans mon grenier. Quant à ce grain maudit
Jetez-le dans le feu de la grande fournaise,
Qu'il brûle et soit réduit en inutile braise. »

Dans le monde il y a des bons et des mauvais.
Ces derniers, le bon Dieu les laisse vivre en paix
Car il est patient, plein de miséricorde,
Mais lorsque vient la mort, sa colère déborde,

S'ils ont persévéré dans leurs péchés nombreux
La justice divine alors s'abat sur eux,
Ils sont maudits, jetés sans pitié dans les flammes
Qui sans les consumer brûle à jamais leurs âmes.
Quant aux bons, Dieu les met ainsi que le bon grain
Au céleste grenier, lieu du bonheur sans fin.

# 6<sup>me</sup> Dimanche après l'Epiphanie

## Le Grain de Sénevé

Il est certes petit, le grain de sénevé,
Plus minime dix fois que n'est le grain de blé.
Quand on le jette en terre, il germe et devient tige
Capable de porter l'insecte qui voltige ;
Enfin plus vigoureux il étend ses rameaux
Où viennent s'abriter tous les petits oiseaux.

Pareille au sénevé fut en naissant l'Eglise
Société des chrétiens aux Apôtres soumise.
Faible dans ses débuts contre un monde puissant
Qui s'acharna contre elle et la baigna de sang,
Elle aurait dû périr dans l'horrible tempête
Qui gronda bien souvent menaçant sur sa tête,
Mais, grâce à l'Esprit Saint, Créateur et fécond
L'Eglise a résisté, l'Eglise a tenu bon
Et maintenant puissante elle étend son domaine.
Dans l'univers entier la société chrétienne !...
A l'ombre de la croix qui rayonne au ciel bleu
S'abritent par millions les enfants du bon Dieu.

# Septuagésime

## Les Ouvriers de la Vigne

En quête d'ouvriers pour cueillir le raisin
Un maître-vigneron sortit de bon matin.
Il parcourut d'abord la place du village
En trouva quelques-uns. Bien vite il les engage
Pour aller à la vigne afin d'y travailler
Et convient de donner pour salaire un denier.
Il sortit de nouveau, le matin vers neuf heures
Et vit plusieurs oisifs au seuil de leurs demeures
Il leur dit simplement : « Que faites-vous ici ?
Vous perdez votre temps. Allez donc vous aussi
A ma vigne là-bas derrière cette étable
Et ce soir vous aurez un paiement convenable. »
— A midi, puis le soir quand le soleil est fort
Il sortit, engagea d'autres hommes encor.
Lorsque l'astre du jour eut éteint sa lumière
Chacun des ouvriers vint toucher son salaire.
Le maître-vigneron paya chaque ouvrier
Comme il l'avait promis en donnant un denier
Or, voici que l'un d'eux mécontent dit au maître :
« Avant que le soleil commençât à paraître
Je travaillais déjà. Le front tout en sueur
J'ai supporté le poids du jour et la chaleur ;

Ceux-ci ne sont venus que tard dans la soirée
Vous leur donnez le prix de toute une journée ! »
— Le maître répondit à l'homme mécontent :
« Je suis libre après tout de leur donner autant.
Nous avions convenu d'un denier pour chaque homme ;
Je vous donne un denier, c'est une juste somme
Pourquoi vous fâchez-vous en élevant le ton ?
Seriez-vous donc méchant parce que je suis bon ?
Mon ami, calmez-vous ! A qui je veux, je donne ;
En agissant ainsi, je ne lèse personne. »

Jésus nous fait comprendre ainsi que le bon Dieu
Admet au même Ciel tout homme, comme il veut.
Le petit enfant mort en sa première enfance,
L'adulte, le vieillard ont même récompense ;
Cependant, disons-le, plus le mérite est grand
Plus le degré de gloire au Ciel est différent.

# Sexagésime

## Le Semeur

Un homme, dit Jésus, alla semer son grain,
Il en laissa tomber au milieu du chemin.
Les passants sans le voir à leurs pieds le foulèrent
Et les oiseaux gourmands bien vite le mangèrent.
D'autres grains dispersés sur un terrain pierreux :
Tout comme les premiers ne furent pas heureux
Ils périrent bientôt, faute d'humidité.
Quant au grain par hasard dans la brousse jeté
Il grandit au soleil, mais bientôt la broussaille
Rivalisa de force et gagna la bataille.
Enfin le grain tombé sur un sol plus bénin
Réussit à merveille et donna cent pour un.

La parole de Dieu qui vient frapper l'oreille
A ces grains de froment, dit Jésus, est pareille.
Certains des auditeurs distraits n'écoutent pas.
D'autres sont occupés des plaisirs d'ici-bas.
La semence est alors en naissant étouffée.
Mais quand elle a touché l'âme bien préparée
Elle a plus de succès. Alors elle produit
De célestes vertus comme un arbre son fruit.

# Quinquagésime

## L'Aveugle de Jéricho

Jésus-Christ ce jour-là passait par Jéricho
Ville où souffle en été le brûlant siroco.
Déjà l'on approchait des épaisses murailles
Se dressant lourdement au-dessus des broussailles.
Dans la vallée en bas on voyait les palmiers
Lancer vers le ciel bleu leurs panaches altiers.
Le Christ si renommé pour ses bienfaits multiples
Etait accompagné d'apôtres, de disciples.
— Un aveugle entendant le bruit confus des voix
Demanda qui passait. Deux hommes à la fois
Lui dirent : « C'est Jésus, le Seigneur, le Prophète. »
L'aveugle de crier aussitôt à tue-tête :
« Jésus, fils de David ! ayez pitié de nous ! »
Notre-Seigneur si bon, Notre-Seigneur si doux
Eut pitié de cet homme implorant une grâce.
Il lui dit : « Mon ami, que veux-tu que je fasse ? »
L'aveugle de répondre aussitôt confiant :
« Ah ! faites que je voie ! » Et Jésus à l'instant
Touché par cette foi de l'aveugle en prière
Et sachant son désir de revoir la lumière,
Lui dit ce simple mot : « Sois guéri ! Je le veux ! »
Et l'homme retrouva l'usage de ses yeux.

# 1<sup>er</sup> Dimanche de Carême

## Jeûne et Tentation

Avant de commencer son divin ministère
Jésus s'y prépara par une vie austère.
Il passa le Jourdain, ce fleuve poissonneux
Et vint dans le désert solitaire et pierreux.
Là, n'ayant pour abri qu'une grotte éloignée
Il jeûnait, il priait la nuit et la journée.
Quarante jours durant il se mortifia
Après quoi le démon s'en vint et le tenta.
Intrigué de le voir subir son jeûne étrange
Il voulut s'informer, ce triste et mauvais ange,
Si Jésus n'était point le Sauveur d'Israël
Le Dieu pour nous fait chair, le Christ venu du Ciel.
En lui-même il disait : S'il pèche, il n'est qu'un homme
Et non le Fils de Dieu. (C'était très juste en somme).
— Après son jeûne long, Jésus sentit la faim,
Le diable alors lui dit : « Transforme donc en pain
Ces cailloux du désert ! » — (Misérable hantise !)
Le démon le tentait de simple gourmandise.
Mais Jésus répondit : « Il est écrit, Satan,
L'homme, de pain de blé ne vit pas seulement.
Il a pour aliment autre que la farine
La parole de Dieu, nourriture divine. »

Le diable fut vaincu ; mais tenace, orgueilleux,
Il transporte Jésus loin du désert pierreux,
Sur le sommet du temple il l'enlève, il le pose.
Pour le tenter d'orgueil il demande autre chose :
— « Pour montrer ton pouvoir, jette-toi donc en bas
Les anges du Seigneur te prendront dans leurs bras ! »
— Jésus lui répondit : « Il est dans le saint Livre
Ecrit : Ne tente point le Dieu qui te fait vivre. »
Satan encor vaincu le tente de nouveau,
Il l'emporte et le met sur un sommet plus haut,
Sur un mont dominant les vallons et les plaines ;
Et, lui montrant de là des villes par centaines :
« Regarde, lui dit-il, tous ces biens sont à moi.
Si tu veux m'adorer, ils seront tous à toi ! »
Quel propos insensé qui dénote l'audace
De l'archange déchu qui méprisa la grâce !
Le Christ alors lançant un regard foudroyant
Lui dit ces simples mots : « Arrière ! assez ! Satan !
On n'adore que Dieu ! » — La foudre ou la tempête
S'abat sur le grand chêne et lui brise la tête.
Le diable foudroyé par la voix du Sauveur
S'enfuit bien convaincu qu'il a vu le Seigneur.

# 2<sup>me</sup> Dimanche de Carême

## La Transfiguration

En ce temps-là Jésus s'en vint près du Thabor,
Mont de la Galilée, et tout un peuple encor
Le suivit, attiré par sa grande éloquence.
Surtout par ses bienfaits donnés en abondance.
Il gravit la montagne, emmenant seulement
Avec lui : Simon Pierre, ainsi que Jacque et Jean.
Quand il fut au sommet, il se mit en prière
Ce pendant que les trois se reposaient à terre.
Au bout de quelque temps, Pierre leva les yeux,
Soudain il vit Jésus splendide, radieux.
Sa robe et son manteau paraissaient blancs de neige,
Moïse ainsi qu'Héli composaient son cortège
Et bientôt de la nue il sortit une voix
Articulant ces mots entendus par les trois :
« Ecoutez Celui-ci ! mon divin Fils que j'aime ! »
— C'était Dieu qui parlait; Dieu le Père lui-même.
Et Jésus rayonnait de beauté, de splendeur,
Tel qu'il doit être au ciel. lieu du parfait bonheur.
Les apôtres tous trois tombèrent en extase
Comme les Saints de Dieu qu'un grand amour embrase.

Pendant quelques instants dura la vision
Eblouissant leurs yeux d'un céleste rayon.
... Puis s'élevant de terre un vaporeux nuage,
Voila du Christ aimé l'éblouissant visage....
Jésus redescendit et bientôt fut près d'eux.
Il leur avait montré ce qu'il doit être aux cieux.

# 3<sup>me</sup> Dimanche de Carême

## Le Démon muet

Un diable était entré dans le corps d'un muet,
Jésus chassa ce diable avec autorité
Et l'homme au même instant retrouva la parole.
— Bien des fois le démon (c'est son principal rôle),
Se rend maître d'une âme en la faisant pécher;
Et quand il la possède, il voudrait l'empêcher
De s'adresser à Dieu par de saintes prières
Qui donnent le secours des grâces salutaires.
Si le pauvre pécheur repentant et confus
Veut confesser sa faute au prêtre de Jésus,
Le diable tentateur agit encor de même
En inspirant la honte ou bien la peur extrême.
De sorte que par crainte et par confusion
L'homme taise sa faute en la confession.

Cet ennemi de Dieu, ce tyran si farouche,
Veut perdre le pécheur en lui fermant la bouche.

O Jésus ! préservez l'âme du bon chrétien
De ce mutisme affreux, quand le démon la tient.
Qu'elle prie avec foi, confesse sa faiblesse,
Du diable tentateur elle sera maîtresse.
Oui, Satan s'enfuira confus comme autrefois,
Obligé d'obéir qu'il est à votre voix.

# 4<sup>me</sup> Dimanche de Carême

## Multiplication des Pains

La foule avait suivi Jésus loin de la ville,
Loin des bourgs, loin des champs, dans un pays stérile,
Au pied de ces grands monts qui descendant du nord
Suivent le lac à l'est et dominent son bord.
Sous le regard du Christ qui charme, qui captive,
Elle avait écouté sa parole, attentive.
Bien que l'on fût à jeun et que ce fût le soir,
Personne n'était las d'écouter et de voir.
Mais là-bas cependant par-dessus la colline
Le jour se fait moins vif, car le soleil décline.
Bientôt son disque d'or descend à l'horizon
En lançant comme adieu son plus charmant rayon.
Encor quelques instants et sur la Galilée
Le jour aura fait place à la nuit étoilée.
Jésus a terminé son dialogue d'amour
Au moment où s'éteint le dernier feu du jour.
Alors un bruit confus s'élève de la foule,
Bruit rappelant celui du lac quand vient la houle.
Le peuple émerveillé ne cesse d'applaudir
Les paroles du Christ, mais ne voit point venir
La nuit dont le manteau va couvrir la campagne,
Le lac bleu, la forêt, le coteau, la montagne.

Et l'on est au désert, en pays étranger,
Et l'heure est arrivée où l'on devra manger.
Aux apôtres formant son plus cher entourage
Jésus dit : « Renvoyez chacun dans son village
Ou bien procurez-leur à tous assez de pain
Pour qu'ils puissent rester ici jusqu'à demain ! »
Philippe répondit : « Nous ne savons que faire !
Déjà la nuit commence à tomber sur la terre,
Pour acheter du pain les villages sont loin
Et puis deux cents deniers ne nous suffiraient point. »
— André se rapprochant alors du divin Maître
Dit à Jésus : « Seigneur, je viens de reconnaître,
Dans la foule un enfant, un tout jeune garçon
Qui porte en son panier cinq pains et du poisson.
Mais qu'est-ce que cela, Maître, pour tant de monde ! »
Alors Notre-Seigneur à la bonté féconde
Dit : « Parlez à ces gens et faites-les asseoir
Par groupes pour manger avant qu'il fasse noir. »
— Alors on lui porta poissons et pains azymes —
Jésus levant les yeux vers les célestes cimes
Pria son Père aimé, puis d'un geste bénit
Les pains et les poissons que simplement l'on mit
Non dans un joli plat, mais dans une corbeille.
« Distribuez, dit-il. » — O puissance ! O merveille !
Les pains et les poissons furent multipliés,
Leur nombre s'élevait à plus de cinq milliers.

# Dimanche de la Passion

## Les Juifs jetant des pierres à Jésus

— Alors, es-tu plus grand qu'Abraham, notre père ?
— Et Jésus répondit : « Avant qu'il fût sur terre
J'étais déjà vivant. » — Alors sans plus tarder
Ils prirent des cailloux, voulant le lapider.
Mais Jésus s'esquiva, passant ainsi qu'une ombre
Parmi ses ennemis amassés en grand nombre.

C'est ainsi que le monde insolent et dément
Agit, lorsque vaincu, mis à bout d'argument
Par l'homme vertueux qui lui montre son crime
Il se donne raison en tuant sa victime.
On a vu mainte fois le méchant courroucé
Mettre à mort l'innocent qu'il traite d'insensé.
C'est Hérode Antipas, le tétrarque adultère
Qui saisit Jean-Baptiste et le force à se taire.
C'est Hérodiade impie, ivre de volupté
Devant le saint martyr qu'on a décapité,
Prenant son chef sanglant sur le plat de sa fille
Et, cruelle, perçant sa langue d'une aiguille.
C'est le valet grossier qui répond à Jésus
Par un soufflet brutal et lui crache dessus.

Ce sont les Pharisiens confondus par Etienne,
Ce premier des martyrs de l'Eglise chrétienne,
Le traînant hors des murs, et, tigres furieux,
L'insultant, le frappant ensemble à qui mieux-mieux,
Puis sur le saint martyr agenouillé par terre
Faisant pleuvoir encore et la brique et la pierre.

Hélas ! rien de nouveau sous la voûte du ciel
Et l'on verra toujours des hommes pleins de fiel
S'indigner par orgueil et baillonner la bouche
Du juste les gênant dans leur projet farouche,
Oui, l'on verra toujours des cruels, des jaloux
Agir comme en la fable on voit agir les loups :
La raison du plus fort est pour eux la meilleure
Et le pauvre innocent est égorgé sur l'heure,
Leur caprice orgueilleux est leur unique loi
Et pour devise ils ont : Force prime le droit.

# Le Dimanche des Rameaux

*Hosanna ! Hosanna !* Gloire au Fils de David !
Entonnez ce refrain, pêcheurs de Bethsaïd
Et reprenez en chœur, ô vous, foules bruyantes !
Accourez en portant des palmes verdoyantes.
*Hosanna ! Hosanna !* Béni soit en tout lieu
Le Seigneur Jésus-Christ qui vient au nom de Dieu !
... C'est ainsi que suivant la route ensoleillée
Tout un peuple acclamait Jésus de Galilée.
Du mont des Oliviers aux monts de Jéricho
De ce chant triomphal retentissait l'écho.
Et Jésus avançait porté par une ânesse,
Soulevant les bravos et les cris d'allégresse.
On était accouru du bourg de Bethphagé
En suivant le sentier étroit et ombragé.
On était accouru comme en un jour de fête
Jésus de tous les cœurs avait fait la conquête.
Depuis qu'à Béthanie il avait d'un seul mot
Ressuscité Lazare hors du sombre tombeau.
On vantait sa bonté, sa vertu consommée
Et dans tout le pays volait sa renommée.
La nature égayée au retour du printemps
Souriait dans le ciel et dans les fleurs des champs
Contribuant ainsi d'une façon charmante
A rendre cette marche encor plus triomphante.

— Les uns portaient en main des branches de palmier
Et d'autres simplement des rameaux d'olivier.
Garçons allant pieds-nus, filles au blanc corsage
Accouraient, acclamaient Jésus sur son passage
Et pendant que leurs chants résonnaient dans les airs
Les hommes circulaient avec des rameaux verts,
Les apôtres fendant la forêt de verdure
Précédaient le Sauveur et guidaient sa monture,
Chantaient à pleine voix, applaudissaient des mains,
Etendaient leurs manteaux au milieu des chemins.
Et l'ânesse marchait lentement, humble et douce
Foulant ces longs manteaux comme un tapis de mousse.
Déjà l'on a gravi le mont des Oliviers ;
Voici Jérusalem avec ses murs altiers.
On s'arrête un instant, on respire, on contemple
Le merveilleux effet du soleil sur le temple
Qui se dresse là-bas sur la sainte Sion.
Puis voici qu'on reprend cette procession.
Dans les sentiers étroits envahis par la foule
Le cortège grossit, s'allonge, se déroule
On franchit le Cédron au lit torrentiel
Et les chants plus nourris s'élèvent vers le Ciel.
Ils vont frapper là-bas les remparts de la ville,
Réveiller de l'écho la voix toujours docile.
Bientôt l'on voit sortir hors des remparts poudreux
Au bruit confus des voix maint et maint curieux.
On s'empresse, on questionne, on apprend la nouvelle
Et dans Jérusalem l'entrée est solennelle.
La foule se grossit, et Jésus souriant
Bénit avec bonté le vieillard et l'enfant....
— Hélas ! parmi la foule exaltée, en ivresse
Il y a des méchants pleins de scélératesse :
Des pharisiens cruels, orgueilleux et jaloux
Sous des peaux de brebis cachant des cœurs de loups.

Devant ce beau succès de Jésus le bon Maître,
Eux, saisis de colère ont soudoyé le traître
Et bientôt l'on verra le peuple dépravé
Accabler Jésus-Christ sanglant sur le pavé.
Oui, bientôt l'on verra Jérusalem ingrate
Crier : Tolle ! tolle ! lorsque devant Pilate
Le Sauveur paraîtra défiguré, sanglant,
Le démon de la haine alors les aveuglant,
Ils tremperont leurs mains dans son sang adorable
Commettant, les ingrats, un forfait exécrable.
Hélas ! encor cinq jours, alors on entendra
Le *Crucifigatur* remplacer l'*hosanna*.
C'est ainsi, mon Jésus, que se conduit une âme
Brûlant d'abord pour Vous d'un amour tout de flamme,
Puis se laissant aller aux viles passions,
Oubliant votre amour et vos attentions,
Devenant envers Vous inconstante, rebelle,
Vous trahissant ainsi d'une façon cruelle.
O Sauveur, gardez-nous la sainte humilité,
Donnez à notre cœur, amour, docilité,
Afin que marchant bien, ô Jésus, sur vos traces
Et profitant toujours de vos divines grâces
Ces bienfaits mérités par votre Passion,
Nous puissions voir un jour l'éternelle Sion.

# Le Jeudi-Saint

## L'Eucharistie

Ayant aimé les siens d'un amour tout divin,
Il les a, dit saint Jean, aimés jusqu'à la fin.
. . . . . . . . . . . . . . . . .
C'était le jeudi soir dans une grande salle
Où s'étaient réunis pour la fête pascale
Jésus, Notre-Seigneur et les douze avec Lui.
A la fin du repas, lorsque venait la nuit,
Jésus-Christ se leva de la table commune,
Déposa son manteau tissé de laine brune,
Mit un linge bien blanc tout autour de ses reins
Et se fit apporter de l'eau dans deux bassins.
Puis (quelle humilité !) s'agenouillant à terre
Aux apôtres lava les pieds pleins de poussière ;
Voulant ainsi donner aux chrétiens ses amis
Une leçon d'amour envers les plus petits.
Il reprit son manteau, puis se remit à table
Alors, on vit pâlir son visage adorable :
« Je suis triste, dit-il, triste jusqu'à mourir !
Parce que l'un de vous ici, va me trahir ! »
Les apôtres surpris du langage du Maître
Se regardaient entre eux, sans soupçonner le traître.

Il était là pourtant, le regard sombre et bas.
Et cet apôtre lâche, hélas ! était Judas !
Pierre alors dit à Jean l'apôtre resté vierge
Dont le cœur était pur comme le feu d'un cierge
Qui brûle sans fumée à l'autel du Seigneur :
« Demande, s'il te plaît, à notre bon Sauveur,
Quel est celui de nous qui nourrit dans son âme
Envers le Maître aimé ce projet tant infâme ? »
Et Jean, s'étant penché sur le cœur de Jésus
Cœur broyé de chagrin, ne battant presque plus.
« Maître, demanda-t-il, quel est donc ce coupable
Qui médite envers Vous ce crime détestable ? »
Jésus lui dit tout bas : « C'est l'homme auquel ma main
Va donner à l'instant un petit peu de pain. »
Puis, ayant dit ces mots, de sa droite divine
Il tendit à Judas le blanc pain de farine.
Et l'apôtre mangea, puis sans dire un seul mot
Il se leva de table et partit aussitôt.
Il allait dans la nuit, le traître misérable
Emportant dans son cœur ses péchés et le diable.
Quand il eut disparu, cet homme criminel,
Le Sauveur retrouva son calme habituel
Il voulut leur montrer sa tendresse infinie
En se donnant à eux, en leur donnant sa vie.
Il leva vers le Ciel son regard pur et beau
Reflétant la lueur du modeste flambeau,
Pria quelques instants son adorable Père
Car il allait de suite accomplir un mystère.
Prenant alors du pain qu'il bénit et rompit
Il le leur présenta de ses mains et leur dit :
« Prenez, mangez ceci : c'est mon corps véritable. »
Ensuite il prit un verre au milieu de la table,
Y mit du vin très pur ; alors le bénissant :
« Prenez ! buvez-en tous ! car ceci c'est mon sang. »

Les apôtres croyant en sa toute-puissance
Prirent son corps, son sang avec reconnaissance.
O mystère infini ! Jésus venait en eux
Sous la forme du pain et du vin généreux.
Oui, Jésus devenait ainsi leur nourriture,
Tout en restant vivant, sans changer de nature.
— Ils firent ce soir-là, tous, la communion,
Le plus grand sacrement, la plus sainte action.
Puis Jésus leur donna le pouvoir ineffable
De faire comme lui le mystère adorable :
De transformer le pain en son corps tout divin,
De changer en son sang, ainsi que lui, le vin.
En un mot, ce soir-là, cet adorable Maître
Faisait de chacun d'eux celui qu'on nomme un prêtre.

# Vendredi-Saint

## Mort de Jésus

La croix était debout au sommet du Calvaire,
Le pied solidement enfoncé dans la terre.
Et sur le bois, Jésus cloué comme un bandit
Expiait nos péchés par l'amour infini.
Le sang pur ruisselait de ses quatre blessures,
De ses pieds, de ses mains innocentes et pures.
Les épines perçaient son front ensanglanté,
Sa tête était brûlante et penchait d'un côté.
Les yeux baignés de sang étaient couverts d'un voile
Pareil au fin brouillard qui vous cache une étoile.
Pendant qu'il endurait ces atroces douleurs,
Debout, près de la croix, et les yeux tout en pleurs,
La Vierge gémissait, assistant impuissante
A ce drame cruel, à cette mort sanglante.

Sentant son cœur faiblir, voyant venir la mort,
Le Christ en son amour fit un suprême effort,
Il invoqua pour tous son adorable Père ;
Puis, les yeux abaissés, vers sa divine Mère,
En indiquant saint Jean, doucement il lui dit,
Comme un suprême adieu : « Femme, voici ton Fils ! »

Puis à Jean son aimé dont l'âme était si belle :
« Mon fils, voici ta mère ! » Et l'apôtre ainsi qu'Elle
Comprirent de Jésus le testament divin :
La Vierge devenait la mère du chrétien.


Après ces quelques mots, en la minute extrême,
Jésus lança vers Dieu comme un appel suprême :
« Mon Dieu ! mon Dieu ! mon Dieu ! Créateur des humains !
Je remets à l'instant mon âme entre vos mains ! »
Ce fut son dernier cri poussé sur le Calvaire,
Sur son regard éteint s'abaissa la paupière....


La nature aussitôt pour Lui se mit en deuil.
Des morts en maint endroit sortirent du cercueil....
En deux se déchira le grand voile du temple.
Il y eut dans le ciel un trouble sans exemple :
Tout à coup le soleil lui-même se voila,
Un rocher se fendit et la terre trembla....


Frappé dans son esprit par un pareil spectacle
Le centurion romain reconnut un miracle
Et, regardant la croix qui dominait ce lieu,
Il dit : « Jésus, vraiment était le Fils de Dieu ! »

# Pâques

## La Résurrection

Il est ressuscité comme il l'avait prédit.
Voilà dix-neuf cents ans que le *Credo* le dit....
Ils ont en vain sur lui scellé la lourde pierre,
Envoyé leurs soldats pour la garde sévère,
Il est ressuscité, sorti du noir tombeau
Il est ressuscité plus vivant et plus beau !

C'était l'heure où la nuit pâlit devant l'aurore,
Le coq déjà chantait avec sa voix sonore,
Il chantait la lumière, il sonnait le réveil,
Il appelait du jour l'astre au rayon vermeil....
Et voici que soudain a jailli la lumière
Faisant une auréole au rocher du Calvaire ;
Le sol tremble et voici que l'Ange du Seigneur
Brillant comme l'éclair, éclatant de blancheur,
Descend plus promptement que la foudre d'orage
Ne tombe de la nue et frappe le rivage.
Les gardiens endormis réveillés en sursaut
Voient rouler à leurs pieds la pierre du tombeau.
A cette vue ils sont comme transis de crainte
Et gagnent en tremblant Jérusalem la sainte.

Jésus ressuscité s'est lancé radieux,
Léger comme l'oiseau qui vole vers les cieux,
Et ce même Jésus souriant tout à l'heure
Consolera d'un mot Madeleine qui pleure.
Quand les femmes viendront apporter leur parfum,
Pensant que leur Sauveur est encore défunt,
L'Ange leur parlera pour dissiper leur doute....
Elles verront Jésus ensuite sur la route,
Tomberont à ses pieds pour le baiser d'amour....
Le soir dans le Cénacle, avant la fin du jour,
Les apôtres verront eux-mêmes leur bon Maître,
Ils pourront le toucher pour le mieux reconnaître,
Ils l'entendront parler et recevront ses lois
Jusqu'au jour où leurs yeux pour la dernière fois
Le verront doucement se détacher de terre,
S'élancer dans le ciel et retourner au Père.

# 1<sup>er</sup> Dimanche après Pâques

(QUASIMODO)

## Apparition de Jésus aux Apôtres

« Vois mes pieds, vois mes mains, regarde mon côté »,
Disait à saint Thomas Jésus ressuscité.
Et Thomas remué jusqu'au fond de son être
Tombe à genoux et dit : « Mon Seigneur et mon Maître ! »

O Jésus ! C'est ainsi qu'en votre divin corps
Les stigmates sacrés au ciel brillent encor,
Rappelant aux élus votre amour ineffable
Et votre sang divin d'un prix inestimable,
O stigmates du Christ ! O rubis précieux,
Plus beaux que l'astre d'or qui resplendit aux cieux.
Plus jolis mille fois que la plus belle rose
Aux rayons du soleil en nos jardins éclose !
O sources de bonheur pour l'âme des élus,
Laissez-moi vous baiser, stigmates de Jésus !
Implorez, s'il vous plaît, la divine clémence
Quand notre cœur, hélas ! ô Jésus, vous offense.
Montrez à votre Père, Agneau si bon, si doux,
Votre côté, vos mains, vos pieds percés pour nous.

Et votre Père, alors, au nom de vos mérites,
Pourra nous pardonner nos offenses maudites.
Lorsque viendra pour nous l'heure du jugement,
Seigneur, préservez-nous du dernier châtiment.
Oui, mon Dieu, puissions-nous avant notre agonie
Détester toute faute et toute ignominie,
Recevoir dignement et l'absolution
Et le saint Viatique et l'Extrême-Onction,
Afin que paraissant devant Vous, ô grand Juge !
En vos stigmates saints nous trouvions un refuge.
Et qu'au lieu de tomber dans l'abîme infernal
Nous soyons délivrés à jamais de tout mal !


Ah ! malheur à celui qui dans le mal s'obstine !
Il attire, ô Jésus, la colère divine.
Quand son âme sortant de son corps tout flétri
Se trouve devant Vous, elle pousse un grand cri,
Epouvantée alors par la sainte justice
De l'Agneau sur la croix offert en sacrifice.
Les stigmates du Christ ainsi qu'un feu luisant
Brilleront à ses yeux, rappelleront son sang.
Ce sang versé pour elle au sommet du Calvaire
Et qu'elle a dédaigné, profané sur la terre.
Et Jésus regardant cette âme avec horreur
Dira ces simples mots brefs, mais glaçant de peur :
« Ah ! me reconnais-tu ? » — L'âme seule et tremblante
En vain implorera la Vierge si clémente.
D'un geste tout-puissant, Jésus-Christ la maudit,
La repousse et l'écrase. Alors tout est fini !
L'âme dans les enfers engloutie, exilée
Pleurera son malheur toujours inconsolée.
Cette âme qui devait vivre heureuse avec Dieu
Souffrira loin de Lui dans l'abîme de feu,

# 2<sup>me</sup> Dimanche après Pâques

**Le bon Pasteur**

Là-bas sur le coteau qu'ombrage la forêt
Le soleil lentement descend et disparaît.
C'est l'heure où le berger revient de la prairie
Avec son blanc troupeau gagnant la bergerie.
Il connaît les sentiers avec tous leurs détours,
Car il les a suivis à peu près tous les jours.
Il sait qu'à tel endroit le pied sur le sol glisse
Et qu'en bas est caché le traître précipice.
Il connaît du renard, du chacal le terrier
Caché sous le lentisque et le vert jujubier
Quand il passe en ce lieu de désert, de silence
Il guide les brebis avec plus de prudence.
Si parfois l'animal cruel et ravisseur
Attaque le troupeau, lui, le berger sans peur,
Au lieu de se cacher comme un vil mercenaire
Il défend la brebis à son âme si chère.
Quand la nuit est tombée, à la fin du travail,
Il ferme à double tour la porte du bercail
Mais, un soir en comptant ses brebis, il constate
Qu'il en manque une, alors il s'en retourne en hâte.
Armé de son bâton il suit l'étroit chemin,
Monte sur le coteau, puis descend au ravin

Cherchant, cherchant partout la brebis égarée
Que peut-être un chacal a déjà dévorée.
Le berger sans repos appelle dans la nuit.
Hors celui de sa voix il n'entend aucun bruit.
Enfin ! elle a bêlé, la petite infidèle,
Car elle a reconnu son maître qui l'appelle.
Il accourt.,. la voici dans un épais buisson,
Dans l'épine acérée est prise sa toison.
Du piège déchirant vite il la débarrasse,
Au lieu de la gronder il se penche et l'embrasse.
Il la prend doucement, la porte sur son cou.
Elle ne sera pas la victime du loup !
Il arrive avec elle enfin à sa chaumière
Et lui met pour dormir la meilleure litière.

C'est ainsi, mon Jésus, qu'agit votre doux cœur
Envers vos chers chrétiens dont vous êtes Pasteur.
Quand une âme devient fugitive et méchante
Vous voulez la sauver du diable qui la tente,
Vous l'appelez souvent de votre douce voix
Afin qu'elle revienne à l'ombre de la croix,
Vous l'accueillez toujours avec douceur, tendresse,
Et votre cœur alors est rempli d'allégresse.

# 3^me Dimanche après Pâques

« Encore un peu de temps »

« Encore un peu de temps, et vous me reverrez »,
Disait Notre-Seigneur aux apôtres sacrés,
Avant de s'en aller de cette pauvre terre,
Et retourner au ciel auprès de Dieu son Père.
Encore un peu de temps ! Oui, le terme convient
Car ta mortelle vie est si courte, chrétien !
A peine a commencé son terrestre voyage
Que l'homme touche au port de l'éternel rivage.
Qu'est-ce donc que la vie ? Un grain de sable fin
Balayé par le vent du soir ou du matin,
Un petit point perdu comme sont les étoiles
Dans l'immense océan du firmament sans voiles.
Un nuage qui passe au-dessus des grands bois
Et que chasse le vent hurlant à pleine voix,
Une fleur qui s'entr'ouvre à la douce lumière
Mais qui le même jour tombe flétrie à terre,
Un éclair qui jaillit du nuage éclatant,
Pour éblouir le Ciel et mourir à l'instant.
Oui, telle est notre vie, hélas ! en ce bas monde
Où presque chaque jour une tempête gronde.
Aussitôt que l'enfant naît du sein maternel,
Triste de commencer son voyage mortel,

Comme s'il devinait les pénibles alarmes,
Sa première action est de verser des larmes....
Et dans la vie, hélas ! bien souvent que de maux
En notre corps semblable à ceux des animaux,
En notre âme surtout, cette pure étincelle,
Noble image de Dieu, raisonnable, immortelle !
Que d'angoisses de cœur ! Que de chagrins nombreux
Affectent chaque jour même les plus heureux !
Quand un mal est fini, l'autre mal recommence
En un mot ici-bas abonde la souffrance.

Encore un peu de temps et tout sera fini.
A Jésus dans le ciel tu te verras uni
Chrétien, pour partager sa paix inamissible,
Sa gloire, son bonheur, son amour indicible.
Encore un peu de temps ! Qu'importe la douleur
Puisqu'elle enfantera le plus parfait bonheur !
La femme, a dit Jésus, est toute à la tristesse
Dans son enfantement, mais bientôt l'allégresse
Suit le cruel travail. Son cœur se réjouit
Quand elle peut baiser son enfant, son doux fruit....

Courage donc, ami ! Reprenons notre tâche
Et sans que notre cœur à ce monde s'attache.
Dédaignons un peu plus ces biens si passagers.
Nous sommes ici-bas comme des étrangers
Vers un monde meilleur nous sommes en voyage,
La mort nous guette au bout, mais ce n'est qu'un passage.
Encore un peu de temps et c'est l'éternité,
C'est la fin de tout mal, c'est la félicité.

# 4ᵐᵉ Dimanche après Pâques

**Quo vadis ? Où vas-tu ?**


*Quo vadis ?* — Où vas-tu, mon frère,
Comme moi voyageur sur terre
Tu t'en vas, ô funeste sort
Au tombeau creusé par la mort.

*Quo vadis ?* Où vas-tu, mon âme !
Immortelle et sublime flamme ?
Tu t'en vas au ciel des élus
Si tu suis les pas de Jésus.

Tu t'en vas à l'horrible abîme
Où du feu tu seras victime
Loin du ciel, hélas ! pour toujours
Si tu suis d'indignes amours.

Suis les pas, ô brebis fidèle,
De Jésus ton divin modèle.
Près de Lui tu trouves la paix
Qui le suit ne se perd jamais.

Marche donc, ô brebis chrétienne !
Que la foi toujours te soutienne !
Sans broncher fixe ton regard
Sur la croix, ce noble étendard.

Si parfois dans la rude pente
Tu fléchis sous ta croix pesante
Aussitôt appelle au secours
Ton Jésus qui viendra toujours.

Il viendra, pasteur charitable
Te sauver du loup redoutable.
Près de toi doucement penché
Il prendra ton corps écorché

Et versant sur chaque blessure
Huile et vin, il te rendra pure,
Comme fit le Samaritain
De jadis au pays lointain.

Comme lui d'une main très douce
Il prendra ton corps sans secousse
Et pour mieux te réconforter
Il ira jusqu'à te porter.

Souviens-toi qu'Il donne la vie
Par Lui-même en l'Eucharistie
Nourris-toi de ce pain des forts,
Tu feras de plus grands efforts.

Arrivée au but du voyage,
Ah ! redouble alors de courage !
Et ton Dieu fidèle aux amis
Te mettra dans son Paradis.

# 5ᵐᵉ Dimanche après Pâques

## La Prière

Combien de fois Jésus commande la prière !
« Demandez, disait-il, en mon nom à mon Père.
Ce que vous demandez, il vous l'accordera.
Ce que vous demandez ! Qu'entend Jésus par là ?
Avant tout il s'agit de demander la grâce
Qui nous assure au ciel une éternelle place.
Hélas ! en l'oraison nous avons trop souci
Des terrestres besoins. Nous nous trompons ainsi.
Bien souvent le bon Dieu dans l'intérêt de l'âme
Refuse d'accorder ce que l'homme réclame.
Il voit plus clair que nous, il veut notre vrai bien.
Ce qu'il aime à donner, c'est la foi du chrétien,
C'est la belle vertu qu'on nomme l'espérance,
Ce sont la charité, la sainte obéissance,
L'humilité du cœur, la chasteté du corps
Et tant d'autres vertus qui sont de vrais trésors.
Ne demandons jamais ce que Jésus déteste.
Cherchons en premier lieu le royaume céleste,
Ce grand bien que Jésus a gagné par sa croix,
Dieu nous accordera le reste par surcroît.

# L'Ascension

Le voici qui remonte en son bienheureux ciel,
        Le Fils de l'Eternel.
Après trente-trois ans passés sur notre terre
Où tant de voiles noirs nous cachent la lumière.
Après être tombé sous les coups de la mort
        Par un puissant effort
Il a repris la vie immortelle et féconde.
Comme un ardent soleil éblouissant le monde
Il s'élève de terre et s'envole au ciel bleu,
        Au palais du bon Dieu.
Il retourne à son Père, à son Père adorable !
O belle Ascension ! Triomphe incomparable !
Dès qu'il eut disparu dans le lointain des airs
        De ravissants concerts
Sous la voûte du ciel résonnèrent ensemble.
Des anges lumineux la troupe se rassemble
Pour entonner au Christ le sublime *hosanna*
        Avec l'*alleluia !*
Et Lui, le Dieu vainqueur des éternelles flammes,
Précède en son beau ciel une légion d'âmes :
Ce sont tous les élus de l'Ancien Testament
        Depuis Eve et Adam.
Délivrés pour jamais des prisons ténébreuses
Ils montent pleins de joie aux cimes lumineuses.
Le ciel s'ouvre à leurs yeux. O charme ravissant !
        Spectacle éblouissant !

Ce n'est plus le soleil de la mesquine terre,
C'est la splendeur divine et la pure lumière,
C'est l'aurore infinie et le jour sans déclin
          En ce pays divin.
Et voici que l'entrée au ciel est solennelle.
Les anges ont ouvert cette porte éternelle
Que l'apôtre saint Jean dans un ravissement
          Vit comme un diamant....
Et Jésus arrivé sur son trône splendide
Dont l'image se voit dans une onde limpide,
Reçoit le sceptre d'or, bel insigne royal
          Brillant comme un cristal.
Et les élus alors se prosternent ensemble,
Les chants vibrent plus fort et d'amour le ciel tremble.
Jésus est proclamé suprême Souverain
          De tout le genre humain.
Tout le ciel retentit du chant de la victoire,
Les anges, les élus chantent l'hymne de gloire,
Sans jamais se lasser ils répètent sans fin :
Honneur, louange, gloire, amour au Dieu très saint.

# Dimanche après l'Ascension

## Promesse du Saint-Esprit

Bientôt vous recevrez l'Esprit consolateur
Donnant lumière à l'âme et réchauffant le cœur.
Il viendra sur la terre accomplir son message
Et dans le monde entier me rendra témoignage :
Il mettra dans vos cœurs le courage et la foi,
Apôtres qui serez persécutés pour moi.
Vous aurez à subir une longue souffrance
De la part du démon et du monde en démence.
Oui ! vous serez conduits devant les tribunaux
Par d'indignes tyrans aux projets infernaux.
Ils vous accuseront faussement d'imposture
Et même vous aurez à subir la torture.
Mais soyez confiants ; l'Esprit-Saint répondra
Alors par votre bouche et vous fortifiera.
Soyez calmes, et forts dans l'orage qui gronde
Je vous rendrai vainqueurs, moi qui vainquis le monde.

# Dimanche de la Pentecôte

## Descente du Saint-Esprit

Ils étaient là depuis dix jours
Ayant mêmes espoirs, ayant mêmes amours,
Passant leur temps dans la prière
Avec la Vierge-Mère.
Or, voici que dimanche au milieu du matin
On entendit au ciel gronder un bruit soudain
Pareil au bruit du vent qui souffle en la tempête.
A ce bruit répété chacun lève la tête
Inquiet de savoir ce qui va se passer,
Car le toit du Cénacle a l'air de s'affaisser.
Tout à coup au plafond paraît une lumière
Eclairant, remplissant la salle toute entière :
C'est l'Esprit Créateur, le Saint-Esprit de Dieu
Qui se montre en ce jour sous la forme du feu.
Ce feu qui de l'Esprit est la visible image
Du plafond se détache, en langues se partage,
Et descend se poser en flambeaux éclatants
Sur le front incliné de tous les assistants.
Alors le Saint-Esprit semblable à cette flamme
Pénètre dans leur cœur et transforme leur âme.
Leur foi devient plus vive et leur amour plus fort,
Ils ne redoutent plus le danger ni la mort.
Ils sortent. Voici Pierre à l'ardente parole
Qui commence à prêcher le sublime symbole.

Il parle de Jésus mort'puis ressuscité,
Triomphant dans le ciel pour une éternité.
Il parle un seul dialecte et (divine merveille),
A cet accent nouveau qui vient frapper l'oreille,
Chacun des étrangers, de dialectes divers,
Venus de maints pays baignés par d'autres mers,
Quoique Pierre s'exprime en langage hébraïque
Entend parler, comprend sa propre langue unique.
L'apôtre profitant de l'instant solennel
Leur montre ce qu'il faut pour mériter le ciel,
Leur parle avec chaleur de Jésus qui les aime
Et trois mille d'entre eux demandent le baptême.


O Saint-Esprit, voilà votre œuvre en ce grand jour.
Vous donnez la lumière et la force et l'amour.
Vous avez apparu comme un globe de flamme
Pour exprimer ce que vous produisez dans l'âme.


Le feu c'est la lumière et la vive chaleur,
Eclairant les esprits et réchauffant le cœur.
Le monde était noyé sous d'épaisses ténèbres,
Les hommes ressemblaient aux fantômes funèbres.
Mais l'éclair a jailli sur l'univers humain
Et l'homme à sa lueur a revu son chemin
Tel dans une forêt par un affreux orage
Lorsque soudain l'éclair déchire le nuage
Le pauvre voyageur retrouve à sa clarté
Le sentier sinueux qu'il a déjà quitté....


O feu ! rien de plus fort que toi sur cette terre
Tu brûles les rochers aussi bien que le verre ;
C'est toi qui fais jaillir au-dessus du volcan
Des blocs en fusion qui tombent en craquant.

Toi qui lèves les monts, qui creuses les abîmes
Engloutissant parfois des milliers de victimes.
Toi qui lances dans l'air vers les plus lointains **buts**
Par-dessus les forêts les énormes obus.
Combien d'effets encore, ô feu, tu peux produire,
Effets terrifiants qu'on ne saurait décrire !

Esprit saint, vous aussi vous êtes pour le cœur
Et principe d'amour et source de vigueur.
Celui qui vous reçoit, celui qui vous possède,
Pour pratiquer le bien trouve la meilleure aide.
Il affronte le mal, la lutte sans trembler
Même devant la mort il ne sait se troubler.
C'est ainsi qu'animés par votre aide puissante
. Les apôtres, soutiens de l'Église naissante,
Ont subi les assauts du diable et du tyran.
Leur foi fut invincible et leur amour très grand.
On les mit en prison et puis dans les tortures
Fiers de leur long martyre et fiers de leurs blessures
Ils s'en allaient après, heureux d'avoir souffert
Pour le nom de Jésus leur Dieu, leur Maître cher.
Après eux les martyrs, ces héros, par centaines,
Par milliers ont donné le sang pur de leurs veines....
Où trouvaient-ils la foi, l'ardeur, le dévoûment ?
En vous, ô Saint-Esprit, jusqu'au dernier moment.
Vous mettiez en leur bouche et sagesse et science
Pour vaincre des méchants l'orgueil et la démence.
Quand ils durent subir la torture et la mort,
Leur chair a pu trembler, mais leur cœur fut plus fort.

O Saint-Esprit donnez à toute âme hésitante
Lumière pour guider sa marche faiblissante
Et donnez-lui surtout le courage qu'il faut
Pour grandir en vertus et vaincre tout défaut.

# Dimanche de la Trinité

Sublime Trinité ! Profond et saint mystère !
Je crois en Dieu le Fils ainsi qu'en Dieu le Père.
Je crois au Saint-Esprit ; ne faisant tous les trois
Qu'un seul et même Dieu, simple et trine à la fois.
Et c'est Vous, ô Jésus, Vous la vérité même
Qui nous avez appris ce mystère suprême.
O Dieu, qu'êtes-vous donc en votre Trinité ?
Jésus a répondu : Dieu c'est la Charité :
Cela pour expliquer son amour ineffable
Débordant envers nous de son cœur adorable.
Oui, tout bien vient de Dieu : L'air que nous respirons,
Le feu qui nous réchauffe et l'eau que nous buvons,
Le pain, les fruits dorés et toute nourriture,
Enfin tout ce qui sert à l'humble créature.
— Pour notre âme immortelle il a fait plus encor.
Il a donné son Fils qui sur la croix est mort.
Et ce Fils bien-aimé dans son Eucharistie
Se donne encor lui-même au moyen de l'hostie
Il nous aime si fort qu'il nous nourrit chacun
Avec son corps caché sous la forme du pain.
— Quant à l'Esprit divin ! oh ! combien il nous aime !
Il embellit notre âme au moment du baptême
Il en fait sa demeure, il l'enrichit de dons,
Lui ménage cent fois les célestes pardons.

Et, lorsque vient la mort, il l'emporte, il l'élève
Au séjour radieux du bonheur que l'on rêve,
En ce beau paradis où sans voiles, sans fin
Elle contemple Dieu comme le Séraphin,
Et goûte près de Lui d'ineffables délices
Compensant mille fois les plus grands sacrifices.
C'est là qu'on Vous comprend, ô sainte Trinité,
En vivant avec Vous toute une éternité.

# La Fête-Dieu

## OU FÊTE DU SAINT-SACREMENT

### L'Ostensoir d'or

Dans l'ostensoir d'or
Jésus-Christ encor,
Est comme au Thabor.
Le saint autel rappelle la montagne
Où Jésus-Christ que le prêtre accompagne
Se tient vivant quoique transfiguré,
Sous la couleur du froment consacré.
Et son vêtement
Dans le sacrement
Est encor tout blanc.
Dans l'ostensoir qui domine la terre
Il s'entretient avec son divin Père.
Dissimulés dans des nuages fins
Autour de Lui volent des séraphins.
Il est au milieu
De rayons de feu,
Cet aimable Dieu.
Oui, la lumière autour de Lui rayonne
Dans l'ostensoir en forme de couronne

Comme au Thabor l'œil est tout ébloui
Par la clarté qui brille autour de Lui.
                  Le parfum du soir
                  Du bel encensoir
                  Monte à l'ostensoir.
Il forme autour de Jésus un nuage.
Tel un brouillard se levant d'un rivage
Il vient voiler la sublime beauté
Du Christ Jésus et sa divinité.
                  O pécheurs quittons
                  Nos sombres vallons,
                  Vers Jésus montons.
Allons à Lui d'une foi bien soumise,
Adorons-Le sur l'autel à l'église,
De l'ostensoir Lui-même nous verra,
Sa douce voix à nos cœurs parlera.
                  Tombons à genoux
                  Bien humbles, bien doux,
                  Jésus vient à nous.
Mieux qu'au Thabor, dans la petite Hostie,
Jésus se tient pour nous donner la vie.
Il est caché sous la forme du pain
Pour se donner au pauvre cœur humain.
                  Nous avons Jésus,
                  Comme les élus
                  Ne le perdons plus.
Il est venu pour embraser notre âme
De son amour brûlant comme une flamme
Nous devenons nous-mêmes son Thabor
Et notre cœur est son ostensoir d'or.

# Dimanche dans l'Octave
## de la Fête-Dieu

Dieu veut que tout le monde entre dans son Eglise,
Prenne place au banquet divin, spirituel
Qu'il donne à toute âme soumise,
En attendant celui qu'il lui réserve au ciel.
Mais, hélas ! bien souvent par une vaine excuse,
Le chrétien négligeant refuse d'y venir.
On a du temps pour tout : on travaille, on s'amuse,
On passera la nuit à jouer sans dormir.
Le service de Dieu, seul ne trouve point place
Dans un cœur trop épris des choses d'ici-bas.
Le plus grand des bonheurs est celui de la grâce
Et pourtant c'est le seul que l'on n'estime pas.

O chrétiens insensés ! redoutez la colère
Du Dieu qui vous appelle et vous invite en vain.
Bientôt s'achèvera votre vie éphémère,
Vous êtes nés hier et vous mourrez demain.
A quoi vous serviront le plaisir, la richesse,
Quand vous serez enfouis en vos obscurs tombeaux ?
Il ne vous restera (comble de la détresse) !
Qu'un cercueil vermoulu, qu'un linceul en lambeaux !

Amassez des trésors rebelles à la rouille :
Trésors de piété, trésors de charité
Quand dans le tombeau noir descend votre dépouille,
Eux n'y descendent pas, ils ont l'éternité.
Non, non, rien n'est perdu des biens qu'à Dieu l'on donne,
On les retrouve après au centuple rendus,
Rien ne peut égaler la brillante couronne
Que nous réserve au ciel la main du bon Jésus.

# 3<sup>me</sup> Dimanche après la Pentecôte

Oui, Jésus fréquentait Publicains et pécheurs
Au scandale honteux des Scribes et des Docteurs,
Des Pharisiens jaloux, haineux et hypocrites,
Interprètes mauvais des sentences écrites.


Un jour il proposa pour se justifier
La conduite que tient le dévoué berger.
« Qui de vous, leur dit-il, quand la brebis s'égare
Dans le désert pierreux, sans fontaine, sans mare,
Ne laisse en son bercail l'obéissant troupeau
Pour aller par delà le vallon, le coteau
Chercher dans le désert la petite infidèle ?
Il marche sans repos, il regarde, il appelle.....
Et quand il l'a trouvée au fond d'un noir ravin,
Il la soigne, il la panse ainsi qu'un médecin.
Il la prend doucement, sur son cou l'a rapporté
Jusqu'au bercail aimé dont il ouvre la porte,
Et l'ayant pu sauver, il dit à ses amis :
« Réjouissons-nous tous, car voici ma brebis ! »

C'est ainsi que Jésus agit envers notre âme
Quand délaissant le bien pour l'action infâme
Elle a fui le Pasteur et suivi le démon
Ennemi plus méchant, plus cruel qu'un lion.
Jésus ne cesse pas par sa divine grâce
De l'appeler à Lui, de marcher sur sa trace,
Et quand il la retrouve, alors avec bonheur
Il la prend, il la soigne et la met sur son cœur.

# 4<sup>me</sup> Dimanche après la Pentecôte

## Pêche miraculeuse

« Allez ! voguez au large, et jetez vos filets ! »
— Et Pierre avec son frère au large sont allés.
Pendant toute la nuit ils n'avaient pu rien prendre
Mais dès que de Jésus la voix se fait entendre,
Ils s'en vont confiants.... La barque est loin du bord
Les filets sont jetés sur la droite d'abord,
Comme l'a commandé Jésus le divin Maître.
De la barque de bois on les voit disparaître
Ils s'enfoncent dans l'eau d'abord avec lenteur
Pierre après veut tirer, mais quelle pesanteur !
André tire avec lui, le filet les entraîne
Les poissons frétillants sont plus d'une centaine.
Jacques, Jean, leurs amis appelés aussitôt
Arrivent en ramant chacun sur leur bateau.
Et voici les pêcheurs tous ensemble à la tâche
Et tirant les filets de l'onde sans relâche.
O miracle de Dieu ! les poissons frétillants
Remplissent jusqu'au bord les deux bateaux flottants.
Avec peine on gouverne, on aborde au rivage
Et Pierre se jetant à genoux sur la plage

Aux pieds de Jésus-Christ son Maître, son Seigneur,
Lui confesse humblement qu'il est pauvre pécheur.
Le Maître avec bonté le relève et l'appelle
Au saint apostolat de la pêche éternelle....
Et Pierre ayant compris, s'étant remis debout,
Pour suivre le Sauveur aussitôt laissa tout.

# 5<sup>me</sup> Dimanche après la Pentecôte

## Appel à la Perfection

Chrétiens ! soyez parfaits comme Dieu, votre Père
Qui fait luire pour tous son soleil sur la terre
Ne vous contentez pas d'éviter seulement
De tuer, de voler tout homme injustement
Mais, que votre justice évite l'ombre même
Du plus petit péché, du plus petit blasphème.
Confondez le méchant par votre charité
Soyez vainqueurs du mal par la simple bonté.
Pardonnez à celui qui vous fait de la peine
Et vous n'irez jamais brûler dans la géhenne.
Quand pour y prier Dieu vous venez à l'autel
En ayant dans le cœur comme un venin mortel
Au triste souvenir d'un méfait, d'une offense,
Laissez à Dieu le soin de la juste vengeance
Pardonnez à celui qui demande pardon
Puis offrez au Seigneur sans crainte votre don.

# 6<sup>me</sup> Dimanche après la Pentecôte

### Seconde Multiplication des Pains

Par deux fois Jésus-Christ multiplia le pain
Pour montrer sa bonté, son pouvoir surhumain.
— Oui, Jésus, vous avez la puissance divine
Je le crois fermement; devant vous je m'incline.
Multiplier le pain ! mais, en cette saison
Vous le faites encor, mon Dieu, par la moisson !
Ce petit grain de blé qu'un cultivateur sème
Reproduit d'autres grains semblables à lui-même ;
Ce n'est point lui tout seul qui germe, qui grossit,
C'est par votre puissance, Seigneur, qu'il réussit
A se multiplier sur terre chaque année,
La force qu'il détient par Vous lui fut donnée.
Ainsi se perpétue, ô Dieu, votre bonté
Envers la créature, envers l'humanité.

Il est un autre pain que Jésus multiplie
C'est lui-même caché dans la petite hostie.
Pain céleste et divin qu'à l'autel chaque jour
Il donne à ses chrétiens comme preuve d'amour.
Dans des milliers de lieux, sur toute notre terre
Il est multiplié ce pain très salutaire
Et, mystère de foi ! ce froment des Elus,
Toujours inépuisé, c'est Vous-même, ô Jésus !

# 7<sup>me</sup> Dimanche après la Pentecôte

## Tel Arbre, tel Fruit !

« On reconnaît un arbre, une plante à son fruit »
Disait avec raison le divin Jésus-Christ.
Cueille-t-on des raisins sur les brunes épines ?
Des figues sur la ronce au dur flanc des collines ?
Non pas ! Le fruit doré, le fruit délicieux
Croît sur l'arbre fécond et béni par les cieux.
Le fruit ne sera bon que si la plante est bonne
C'est ainsi que l'a dit la plus sage personne.
O Jésus ! vous avez certes cent fois raison.
Lorsque vous employez cette comparaison !

Ainsi donc, ô chrétien ! ne juge pas trop vite
La plante la plus belle est quelquefois maudite.
Elle charme au-dehors par son éclat trompeur,
Elle cache au-dedans un suc empoisonneur
Si, trompé par l'attrait, pauvre homme, tu la cueilles,
Si tu bois le poison que distillent ses feuilles,
Au lieu de savourer l'aliment nourrissant
Tu trouves dans son suc un venin pour ton sang.

Et te voilà perdu par ce fruit détestable
Qui te semblait pourtant si bon, si délectable.
— Jésus disait encor : Défiez-vous, chrétiens,
De ces mauvais bergers appelés pharisiens !
Ils paraissent couverts de la toison charmante
De ces gentils agneaux que la brebis enfante,
Mais ils cachent dessous ce dehors mensonger
Des crocs de loups méchants tout prêts à vous manger.

Ce mauvais fruit trompeur, ce pharisien austère
On le trouve souvent sur notre pauvre terre.
C'est le mauvais ami, c'est le livre pervers,
C'est la tentation et ses appas divers.
C'est le fruit défendu renfermant cette sève
Qui trompa, qui perdit la première femme, Eve,
C'est le plaisir charnel plein de charme d'abord.
Puis vous empoisonnant et vous donnant la mort.

# 8<sup>me</sup> Dimanche après la Pentecôte

## Bon usage des Biens

Donne au bon Dieu la terre, il te rendra le ciel,
Disait saint Augustin, l'homme spirituel,
Le chrétien converti par la longue prière
De celle qui pour lui fut une double mère.

Les biens que tu détiens en ta possession
Tu n'en as que l'emprunt et que la gestion.
Le vrai propriétaire est le Créateur même.
Tu dois en rendre compte au Dieu de ton baptême :
Biens du corps, biens de l'âme, Il te donne cela
Comme fait le sultan à l'égard du fellah !
Tu dois les employer comme le veut ton maître,
Avoir pour premier but de le faire connaître,
Aimer, servir par toi, par ton frère, ta sœur,
Puis tu dois rendre à tous service de bon cœur,
Faire la charité, tel est le grand précepte
De notre bon Sauveur. — Que notre âme n'excepte
Personne. Il faut aimer même ses ennemis,
Alors tous nos péchés par Jésus sont remis.
Nous préparons ainsi notre place d'avance
Dans le ciel, où sera grande la récompense.
Quand la mort aura pris ce corps débilité
Nous aurons le centuple en notre éternité.

# 9<sup>me</sup> Dimanche après la Pentecôte

## Jésus pleure sur Jérusalem

Jérusalem était belle ce matin-là,
Lorqu'aux yeux de Jésus elle se révéla.
Il venait de quitter Bethphagé, ce village
Qu'oliviers, citronniers entourent de feuillage,
Puis il avait suivi l'un des petits sentiers
Conduisant au sommet du mont des Oliviers.
Quand il fut arrivé sur la haute colline,
Il vit Jérusalem, ville sainte et divine,
Dominant de Sion le mont sec et poudreux ;
Elle était vraiment belle en ce jour radieux.
Le soleil du matin qui brillait magnifique
Illuminait le toit du temple et le portique,
Ce toit recouvert d'or reflétant le soleil
Brillait de mille feux comme un cristal vermeil.
Les apôtres devant ce spectacle splendide
Tout émus l'admiraient sous le ciel bleu, limpide.
En vérité c'était un superbe coup d'œil.
Jésus restait muet, le regard triste, en deuil....
Il regarda longtemps la ville aux tours altières,
Puis abaissa les yeux et des pâles paupières
S'échappèrent des pleurs. Refoulant ses sanglots,
D'une voix triste et douce il prononça ces mots :

« Jérusalem ! cité pleine d'ingratitude,
Que de fois j'ai voulu dans ma sollicitude
Rassembler tes enfants, les presser sur mon sein
Comme une poule fait pour le petit poussin !
Mais, tu n'as pas connu ton Bienfaiteur fidèle,
Tu méprisas la grâce et tu restes rebelle !
C'est pourquoi des malheurs bientôt t'accableront,
Des ennemis nombreux un jour t'encercleront,
Ils donneront l'assaut, te jetteront par terre
Et tu ne deviendras que ruine et poussière.... »

Les douze en écoutant ce que Jésus disait
Regardaient étonnés et chacun se taisait....

Jérusalem la ville ingrate et si perfide
Qui commit autrefois l'infâme déicide
Est l'image, ô mon Dieu, de l'âme du chrétien
Reniant son baptême et délaissant le bien.
Ah ! qu'elle est belle aussi par la grâce, cette âme,
Temple du Saint-Esprit qui l'éclaire et l'enflamme ;
Elle est plus radieuse et plus belle cent fois
Que ne fut sur Sion le temple d'autrefois.
Mais lorsque le démon la salit, la ravage
Elle perd sa beauté, l'horreur est son partage.
Elle a trahi son Dieu, son plus bel ornement,
Des voleurs sont entrés dans ce beau monument :
Paresse, orgueil, luxure ont fait d'elle un repaire.
Jésus-Christ sur cette âme à Lui toujours si chère,
Même quand par sa faute elle perd sa beauté,
Pleure comme il pleura sur l'antique cité.

# 10<sup>me</sup> Dimanche après la Pentecôte

## Le Pharisien et le Publicain

Deux hommes, dit Jésus, étaient venus au temple
Pour prier le Seigneur que l'ange au ciel contemple ;
L'un était pharisien et l'autre publicain.
Le premier orgueilleux, hypocrite et hautain.
Il se tenait debout sur le pavé de pierre.
Voici ce qu'il disait en faisant sa prière :
« Seigneur, je vous bénis, vous suis reconnaissant
De n'être point du tout aux autres ressemblant.
Les hommes sont voleurs, menteurs et adultères.
Mais moi je suis dévot, faisant bien mes prières,
Je jeûne volontiers et donne de bon cœur
La dîme de mes biens aux pauvres sans honneur....
Je ne suis point du tout semblable dans mon âme
A ce publicain-là voleur, pécheur infâme ! »
— Voilà ce que disait ce pharisien tout bas,
Se vantant de vertus qu'il ne possédait pas,
Voilant tous ses défauts, se regardant en somme
Comme un juste accompli, supérieur à tout homme.

Le publicain derrière humblement se tenait
A deux genoux, courbé sur la dalle et disait :

« Ayez pitié de moi, Seigneur, bonté divine ! »
Et de sa main souvent il frappait sa poitrine.
Cet homme était sincère et son humilité
Toucha le cœur de Dieu tout pétri de bonté.
Il retourna chez lui content, remis en grâce
Sans garder du péché pas une moindre trace.
L'autre bouffi d'orgueil ne trouva comme prix
De ses fausses vertus que de Dieu le mépris.

Chrétiens, quand vous venez pour prier à l'église,
Gardez-vous de l'orgueil, détestable sottise.
Tenez-vous humblement devant le Dieu très saint
Comme au temple jadis le pauvre publicain.
Pensez à vos défauts sans chercher ceux des autres
Et vous plairez alors au Maître des apôtres.
Qui s'élève en son cœur, ensuite est abaissé ;
Qui s'abaisse au contraire, est ensuite exalté.

# 11<sup>me</sup> Dimanche après la Pentecôte

## Guérison d'un Sourd-Muet

Jésus-Christ ce jour-là passait en Décapole
Faisant du bien partout, prêchant par parabole....
Or, voici qu'il rencontre un homme sourd-muet,
D'émotion son cœur si bon fut remué ;
Car il ne pouvait voir une misère humaine
Sans se sentir ému. sans soulager la peine.
S'approchant de l'infirme et le touchant du doigt,
Il dit ce simple mot : *Ephphéta !* « Ouvre-toi ! »
L'oreille du malade à l'instant fut guérie
Elle entendit la voix du saint Fils de Marie
Puis de son doigt encor de salive humecté
Jésus toucha la langue avec autorité.
Le muet à l'instant retrouva la parole
Ce miracle étonna les gens de Décapole.
Et malgré la défense on parlait de Jésus
On vantait les bienfaits que l'on avait reçus.
« Par lui le sourd entend, par lui le muet cause
Vraiment, s'écriait-on, il fait bien toute chose ! »

*Ephphéta !* Ouvre-toi ! tel fut l'ordre divin
Formulé par Jésus et qui guérit soudain.

Ce mot est prononcé par le prêtre de même
Quand au petit enfant il donne le baptême.
L'enfant naît sourd-muet au sens spirituel
Il ne sait rien du tout du langage du ciel....
Quand plus tard il saura qu'au ciel est Dieu son Père
Ses lèvres s'ouvriront alors pour la prière....
Mais hélas ! ô mon Dieu ! que d'adultes encor
Sont sourds à votre voix, muets comme la mort.
Ils n'ont point entendu le langage du prêtre
Et ne peuvent prier, mon Dieu, sans vous connaître.
D'autres vous ont connu, mais leur cœur endurci
Par de nombreux péchés les rend muets aussi.
De prier ils n'ont plus la première habitude
Leur âme est dans la haine ou dans l'inquiétude.
De ces sourds et muets, ayez pitié, Seigneur !
Prononcez l'*ephpheta !* Convertissez leur cœur
Qu'avant la mort au moins leur âme soit guérie
Par la voix de Jésus aimant l'âme qui prie,
Et qu'ayant retrouvé la douce piété
Cette âme puisse au ciel louer votre bonté.

# 12<sup>me</sup> Dimanche après la Pentecôte

## Le bon Samaritain

« Aimez Dieu plus que tout et puis votre prochain »
Ainsi parla Jésus. — « Seigneur, lui dit quelqu'un
Quel est donc ce prochain que vous voulez qu'on aime ? »
Et Jésus Fils de Dieu, Jésus vérité même
Répondit comme il suit : Un homme descendait
Là-bas vers Jéricho. Sans doute il revenait
Des monts de la Judée et de la ville sainte
Que domine le temple avec sa triple enceinte.
Il avait dépassé le mont des Oliviers
Et suivait de ravins les sauvages sentiers
A droite, à gauche, rien que d'abruptes collines
Où poussent seulement d'inutiles épines.
Pas une goutte d'eau dans le torrent pierreux
Et là-haut le soleil lance drus tous ses feux....
Soudain près d'un détour de la gorge farouche
Le poignard à la main, la menace à la bouche,
Sortent plusieurs brigands. Le pauvre voyageur
Est cerné, menacé, frappé, transi de peur.
Les larrons ayant pris sa bourse et son vestiaire
Le laissèrent tout nu, demi-mort contre terre.

L'homme était là tout seul blessé, baigné de sang
Attendant le secours de quelque bon passant.
Bientôt il entendit des pas. C'était un prêtre
Un prêtre juif allant à la ville peut-être
Pour brûler sur l'autel l'encens qu'on offre à Dieu
Ou bien pour accomplir sans doute quelque vœu.
Du blessé qui geignait il entendit la plainte,
Mais au lieu d'approcher, par égoïsme et crainte,
Ce prêtre s'en alla sans même regarder
Il n'avait point du tout envie de s'attarder.
Un deuxième passa : C'était un bon lévite
Homme du temple aussi, mais lui-même bien vite
Au lieu de s'arrêter poursuivit son chemin.
Le blessé vainement vers lui tendait la main.
Un troisième apparut sur sa blanche monture
Qui parmi les cailloux avait la marche sûre ;
C'était un commerçant étranger au pays
Revenant de Sichar fameuse par son puits.
Du haut de son cheval il vit près de la sente
L'homme qui l'appelait d'une voix gémissante.
Le cœur pris de pitié pour son frère ayant mal
Le bon Samaritain arrête son cheval,
Puis, descend, va tout près du blessé qui l'appelle,
Lave avec un peu d'eau le sang noir qui ruisselle,
Verse sur chaque plaie et de l'huile et du vin,
L'aide à se relever, à sortir du ravin,
Le met sur son cheval qu'il caresse et qu'il guide
Lui-même allant à pied tout en tenant la bride.....
Le soir on arriva devant un simple hôtel,
Le bon Samaritain au maître fit appel,
Le pria de soigner le voyageur débile
En donnant nourriture et tout remède utile,
Lui-même ayant offert de payer tous les frais
S'en alla tout heureux après tant de bienfaits.

— Jésus, pour achever cette histoire touchante,
Dit à ses auditeurs comme fin concluante :
« Le prochain du blessé quel est-il ? Dites-moi ? »
— « Le dernier », répondit un Docteur de la loi.
(Le charitable fut en effet le troisième....)
— « Allez donc, dit Jésus... et puis, faites de même ! »

# 13ᵐᵉ Dimanche après la Pentecôte

## Les dix Lépreux

Jésus passait partout, prêchant, faisant le bien.
Or, voici que non loin d'un bourg galiléen
Il rencontre à l'écart de la route ordinaire
Dix lépreux dont plusieurs couchés dans la poussière.
La lèpre ! Oh ! quelle horreur elle inspirait alors !
On fuyait les lépreux comme l'on fuit les morts.
Pourchassés de partout, errant dans la campagne
Ils n'avaient pour abri qu'un roc de la montagne
Ou quelque vieux gourbi couvert de jujubier.
Ce jour-là donc Jésus passa près d'eux à pied.
Ils avaient entendu parler du saint Prophète.
En le voyant, les dix crièrent à tue-tête :
« Ayez pitié de nous ! Rendez-nous la santé ! »
Jésus voyant leur foi, leur dit avec bonté :
« Soyez guéris ! Allez ! et montrez-vous au prêtre. »
— Le lépreux ne devait en public reparaître
Qu'après certificat du prêtre-médecin
Attestant que le corps était devenu sain.
Les dix lépreux poussés par la même espérance
Partirent non guéris, mais soudain leur souffrance
Disparut en chemin.... Chacun d'eux fut guéri,
Mais un seul retourna vite vers Jésus-Christ

Pour le remercier de la subite grâce.
Il se jette à ses pieds qu'humblement il embrasse :
Le Christ fut fort touché, car son sensible cœur
Aime la gratitude envers tout bienfaiteur.

Que de fois, ô Jésus, notre Maître suprême,
Vous donnez vos bienfaits, vous vous donnez vous-même !
Que de fois vous rendez la vie et la santé
A notre âme malade, esclave du péché.
Et grâce encor plus grande ! en votre Eucharistie
Vous nous communiquez votre chair, votre vie.
Hélas ! combien de fois, il faut le dire aussi,
Nous omettons, Seigneur, de vous dire merci.
Ah ! puissions-nous avoir plus de reconnaissance
Envers Vous, notre Père et notre Providence !

# 14<sup>me</sup> Dimanche après la Pentecòte

## Confiance en la Providence

Qu'ils sont insouciants
Les oiseaux de nos champs
Quand le soleil se lève
Et quand le jour s'achève
Ils font leur oraison
En chantant leur chanson.

Dieu leur donne en effet
Chaque jour son bienfait :
La plume pour vêture,
La graine pour pâture,
L'eau claire du ruisseau,
L'ombre de l'arbrisseau.

Qu'ils sont jolis à voir
Le matin ou le soir,
Ces blancs lis qui s'élancent
Et que les vents balancent
En emportant dans l'air
Le parfum de leur chair.

Combien plus belle encor
Que le lis au cœur d'or
Cette admirable chose
Qui se nomme la rose !
Jamais prince ne fut
Comme elle revêtu.

Oui, Dieu dans sa bonté,
Printemps, hiver, été
Donne à l'oiseau qui chante
Ainsi qu'à toute plante
Tout ce qui leur convient,
Tout ce qui les soutient.

Chrétiens, soyez un peu
Plus confiants en Dieu,
Cherchez d'abord sur terre
A l'aimer, à lui plaire
Et le reste, ma foi,
Vous viendra par surcroît.

# 15ᵐᵉ Dimanche après la Pentecôte

## Résurrection d'un Jeune Homme

Jésus en ce temps-là passait en Galilée
Quand Naïm apparut au fond d'une vallée ;
Naïm un bourg ayant deux ou trois cents maisons
Et de beaux oliviers aux sombres frondaisons.
Il avait dépassé le petit cimetière
Où les morts endormis reposent sous la pierre,
Quand tout-à-coup, là-bas, à la porte du bourg
On entendit un son de lugubre tambour,
Puis des chants prolongés suivis d'un court silence.
Lentement, lentement un cortège s'avance,
On distingue bientôt la forme d'un cercueil
Et derrière, une femme en longs habits de deuil.
C'est une veuve, hélas ! marchant avec tristesse,
Et le mort est son fils fauché dans sa jeunesse.
Jésus, qui, fils de Dieu, sait lire au fond des cœurs,
A pitié du défunt et de la mère en pleurs.
« Arrêtez-vous, dit-il, aux porteurs de la bière ! »
Alors, avec bonté s'approchant de la mère :
« Femme, ne pleurez plus, dit-il ! Ayez la foi ! »
Puis allant vers le mort, il lui dit : « Lève-toi ! »
Et voici qu'aussitôt le fils mort ressuscite.
De nouveau la paupière et se lève et palpite....

Le voilà sur ses pieds courant vers sa maman
Qui l'embrasse et qui dit : « Mon enfant ! mon enfant ! »
La foule stupéfaite admira la puissance
De Celui qui d'un mot enlevait la souffrance,
Qui commandait au vent, au lac, au sable d'or
Aussi bien qu'au démon, aussi bien qu'à la mort.

Ce jeune homme défunt est l'image d'une âme
Ayant perdu la foi, la charité de flamme,
Et vivant tristement dans l'état du péché,
Cadavre que la mort de son aile a touché !
Qui peut rendre la vie à cette âme tombée ?
Un seul et c'est Celui qui d'un mot l'a créé....
Que de mères encore aujourd'hui sont en deuil
Non, de ce que leurs fils sont mis dans un cercueil,
Mais de ce qu'ils ont fui la vérité céleste
Et vivent loin de Dieu dans un vice funeste.
C'est ainsi que Monique en un siècle lointain
Vous implorait, Seigneur, pour son fils Augustin.
Vous avez entendu ses sanglots, sa prière,
Et le fils fut sauvé par les pleurs de la mère.

# 16<sup>me</sup> Dimanche après la Pentecôte

## Guérison de l'Hydropique

(Gardons-nous bien toujours de toute hypocrisie !)
— Jésus vit un malade atteint d'hydropisie
Couché depuis longtemps sur un pauvre grabat.
Il le guérit soudain. Or, c'était un sabbat :
Jour sacré chez les Juifs, jour où tout travail cesse.
Les Pharisiens au cœur plein de scélératesse
Furent scandalisés de cette guérison.
Ils dirent à Jésus, ces hommes sans raison :
« Vous avez violé le repos sabbatique
En guérissant le mal de cet homme hydropique ! »
Insensés et jaloux ! Dieu ne défend jamais
Même un jour de repos d'accomplir des bienfaits....

Chrétiens, n'imitons pas ces hommes détestables
Et soyons en tout temps, comme Dieu, charitables.

# 17<sup>me</sup> Dimanche après la Pentecôte

### Jésus Roi comme son Père

Roi, vous l'êtes, Seigneur, et cela doublement
En tant que Fils de Dieu dont éternellement
Vous êtes engendré. Roi comme votre Père.
Roi vous l'êtes encor par votre sainte Mère.
Cette Vierge en effet qui vous donna son sang
Venait du Roi David son ancêtre puissant.
O Jésus ! Vous avez une double couronne
Et nul trône en grandeur n'égale votre trône.
David peut justement vous appeler Seigneur
Car vous êtes son Dieu, son Roi, son Créateur.
Quel éclat doit avoir votre beau diadème
O Seigneur éternel ! O Majesté suprême !
Que faut-il pour aller vous contempler, un jour ?
Avoir la foi, prier, vivre dans votre amour...

# L'Assomption de Marie au Ciel

(15 Août)

La Vierge Immaculée en sa tombe dormait,
Au fond d'un noir caveau qu'une pierre fermait.
Les apôtres pleuraient encor dans le Cénacle
Ignorant que Jésus allait faire un miracle.
Voici que leur chagrin les ramène au tombeau.
Ils entrent dans la grotte en portant un flambeau
Mais, Dieu ! quel changement ! Au pur éclat du cierge
Ils voient que n'est plus là le saint corps de la Vierge
Le linceul est plié dans la tombe avec soin
Et d'autres souvenirs pieux sont dans un coin.
Des fleurs : roses et lis ont germé dans la pierre
Et repandent partout leur parfum salutaire.
Des chants harmonieux, aux superbes accords
Semblant venir du ciel retentissent alors.
Ce sont les anges saints qui fêtent de Marie
La résurrection, l'entrée en leur Patrie
Car Dieu n'a pas voulu que le corps virginal
N'ayant jamais reçu la souillure du mal
Subisse du tombeau la triste flétrissure.
Il a rendu la vie à sa mère très pure.
Et depuis ce jour-là Marie est dans le ciel
Vivante et glorieuse auprès de l'Eternel.

# 18ᵐᵉ Dimanche après la Pentecôte

## Le Paralytique de Capharnaüm

Jésus-Christ ce jour-là vint à Capharnaüm
Ville à beaux monuments, à spacieux forum
Assise près des eaux du lac de Tibériade
Sur un haut promontoire ayant forme d'estrade.
Après avoir franchi la porte du rempart
Il entra chez quelqu'un, car il se faisait tard
Et la foule bientôt, de le voir, empressée
Entoura la maison et se tenait pressée.
Quant à lui se tenant assis à l'intérieur
Il parlait pour instruire et sauver le pécheur.
Or, voici que dehors, au milieu de la rue,
Dans la foule amassée où règne la cohue
Quatre hommes s'avançaient, portant sur un brancard
Un malade couché, l'œil au morne regard,
Paralysé depuis les jours de son enfance
Mais cet homme avait foi dans la toute-puissance
De ce Jésus Sauveur qui d'un mot guérissait
De toute infirmité quiconque le priait.
Impossible aux porteurs de se frayer passage
Dans la foule serrée. Alors en homme sage
L'infirme leur suggère un moyen singulier :
De monter sur le toit en suivant l'escalier.

Les voilà parvenus sur la rouge toiture.
Dans la tuile ils ont fait une large ouverture,
Puis avec des cordeaux tenus à bout de bras
Ils descendent l'infirme avec son matelas.
C'est ainsi que du toit en la salle il arrive.
Jésus fut très touché par une foi si vive.
Il regarde l'infirme et dans son âme lit
Les péchés qu'il a faits. C'est alors qu'il lui dit :
« Mon fils, tous tes péchés, va ! je te les pardonne ! »
Aussitôt dans la salle un murmure bourdonne.
Ce sont les Pharisiens orgueilleux et rusés.
Par les mots de Jésus ils sont scandalisés.
Ils se disent tout bas : Mais, cet homme blasphème !
Il pardonne aux pécheurs ! Il se fait Dieu lui-même !
Jésus leur dit alors : « Hypocrites, menteurs !
Pourquoi penser le mal au-dedans de vos cœurs !
Afin que vous sachiez que l'envoyé du Père
A droit de pardonner les péchés sur la terre,
Je commande à cet homme assis là près de moi
De se lever guéri, car fort grande est sa foi.
Debout ! ajouta-t-il ! Prends ton grabat et marche ! »
L'infirme au même instant sent que son mal le lâche.
Le voici sur ses pieds, ramasse son grabat
Le charge sur son dos et lestement s'en va !

# 19<sup>me</sup> Dimanche après la Pentecôte

## La Robe nuptiale

Un jour en son palais un Roi fit un banquet
En l'honneur de son fils qui, lui, se mariait.
Il avait invité des milliers de convives.
Déjà dans les jardins embellis de fleurs vives
La foule se pressait, heureuse d'accourir
Tous d'un habit bien blanc avaient dû se vêtir.
Le soir venu, le roi fit entrer tout le monde
Dans la salle splendide en sa lumière blonde
Puis, tous étant entrés, le Prince entre à son tour
Au son des harpes d'or, des flûtes, du tambour,
Mais, voici que passant au milieu de la salle
Le monarque aperçoit un homme en robe sale.
Il aborde à l'instant ce grossier invité
Et voici ce qu'il dit sur un ton irrité :
« Apprenez qu'il faut être en habit convenable
Pour venir prendre place autour de cette table ! »
Puis sur un ordre bref deux ou trois hommes forts
Saisissent cet intrus et le jettent dehors.

Ce récit de Jésus renferme une morale :
Le chrétien doit avoir la robe nuptiale

Pour s'asseoir dignement à ce royal festin
Où Jésus-Christ se donne avec son Corps divin.
Il doit pareillement avoir une âme pure
Pour entrer dans le ciel près du Dieu sans souillure,
La robe nuptiale est donc la pureté,
La grâce qui de l'âme est toute la beauté.

# 20<sup>me</sup> Dimanche après la Pentecôte

### Jésus guérit le fils d'un officier

Après un long voyage au pays de Judée
Jésus-Christ s'en revint aux bourgs de Galilée,
Toujours suivi d'un peuple avide de discours
Et plus avide encor de son divin secours.
Car sa voix guérissait de toute maladie.
Et l'on vantait partout le saint Fils de Marie.
— Un officier royal accourut de fort loin
Pour exposer au Christ un extrême besoin.
Son fils était atteint d'une mortelle fièvre
Qui lui brûlait le corps et desséchait la lèvre.
Il avait entendu parler de Jésus-Christ
Et lui seul, pensait-il, pouvait sauver son fils.
— Le voici près du Christ, s'agenouille et l'adore,
D'une voix suppliante il lui parle et l'implore :
« Seigneur ! Ah ! s'il vous plaît ! guérissez mon enfant ! »
« Allez, lui dit Jésus ! Il est sauf à l'instant ! »
Et cet homme avec foi bien vite se relève,
Remerciant Jésus d'une parole brève....
Il reprit le sentier de son foyer lointain
Car il devait marcher jusques au lendemain.
Lorsque de sa maison apparaissait le toit
Il vit ses serviteurs accourir en émoi.

Mais vite il a compris une bonne nouvelle,
Car il voit de leurs yeux la joyeuse étincelle.
Son fils était sur pieds, complètement guéri
Depuis l'heure où Jésus lui-même l'avait dit.
Cet homme et sa famille avec reconnaissance
Crurent en Jésus-Christ, Dieu de toute-puissance.

# 21<sup>me</sup> Dimanche après la Pentecôte

## Le Serviteur insolvable

Un roi, fit appeler un jour, un serviteur
Qui devait en talents une grande valeur.
L'homme fut introduit dans la maison royale
Pour verser le montant de la somme totale.
Mais, ce fut bien en vain : il n'avait pas assez.
Le roi jetant sur lui des regards courroucés
Dit à ses officiers de garrotter cet homme,
De vendre tous ses biens pour recouvrer la somme.
C'est alors que tremblant et tombant à genoux,
Le serviteur lui dit : « Ayez pitié de nous !
Seigneur, je vous en prie ! Ah ! prenez patience
Et je vous rendrai tout, maître, à brève échéance ! »
Le prince fut ému. L'homme fut libéré.
Mais voilà que dehors, à peine délivré,
Il rencontre à son tour un client insolvable,
Il se jette sur lui : « Paye-moi, misérable !
Dit-il, et sur le champ, rends tout ce que tu dois ! »
Puis saisissant sa gorge il l'étreint de ses doigts.
L'autre cherchait en vain à faire une prière,
Il était étranglé, râlant déjà par terre.

Le roi apprit après ce qui s'était passé.
Il fit prendre cet homme irascible, insensé.
« Misérable, dit-il, ne pouvais-tu pas faire
Ce que j'ai fait pour toi, à l'égard de ton frère ?...
Tu seras châtié !... Je vendrai ta maison,
Et toi-même seras jeté dans la prison ! »

# 22ᵐᵉ Dimanche après la Pentecôte

## Le Tribut à César

Des juifs dits Pharisiens, hommes fourbes et faux.
Poursuivaient Jésus-Christ pour le prendre en défaut.
Jaloux de ses succès ils lui portaient envie
Et cherchaient tout moyen d'attenter à sa vie.
Un jour plusieurs d'entre eux s'en vinrent près de lui
Ainsi que des serpents qui se glissent sans bruit.
Ils voulaient le tenter, comme dit l'Evangile.
En posant un dilemme à la forme subtile :
« Maître, lui disent-ils, vous êtes sage et bon,
Vos paroles toujours sont pleines de raison.
Dites-nous votre avis. Est-il bien légitime
De payer à César le tribut et la dîme !
Fourbes ! Si Jésus-Christ prend parti pour César,
Ils vont le dénoncer aux prêtres sans retard.
S'il défend de payer le tribut, au contraire,
Ils vont le dénoncer au fisc autoritaire.
Jésus voit leur pensée et leur regard méchant :
« Montrez-moi, leur dit-il, une pièce d'argent. »
Ils montrent un sesterce ayant comme effigie
La tête de Tibère, empereur d'Italie.

Jésus dit en jetant sur la pièce un regard :
« De qui cette effigie ?... » Eux disent : « De César ! »
— Et Jésus répondit : « Rendez-donc à César....
        Le tribut de César.
        Et rendez au bon Dieu
        Ce qui revient à Dieu. »

# 23<sup>me</sup> Dimanche après la Pentecôte

## La Fille de Jaïre (Tholita Cumi !)

Jésus-Christ ce jour-là traversait sur le soir
Capharnaüm bâti sur un long promontoir,
Et dominant les eaux de son beau lac tranquille.
Or, voici qu'en la rue, au milieu de la ville,
Dans la foule amassée, en avant d'une cour
Un homme tout en pleurs près de Jésus accourt.
Il s'appelle Jaïre, un père de famille
Qui vient de voir mourir à la maison sa fille,
Une enfant de douze ans. Il se jette à genoux
En disant à Jésus : « Ayez pitié de nous !
Venez rendre la vie à notre fille aimée. »
Jésus, qui sait la foi dont l'âme est enflammée,
A pitié de cet homme et lui répond : « J'y vais ! »
Puis il se mit en marche et la foule suivait.
Déjà dans la maison où gisait la défunte
On entendait des cris de douleur et de plainte
Mêlés à des accents de flûte et de tambour....
Jésus était encor dans la petite cour.
Il ordonna d'abord de renvoyer le monde
Qui faisait tant de bruit près de la morte blonde.
Les gens étant sortis, c'est alors qu'il entra.
La mère est désolée et l'enfant morte est là

Jésus s'approche d'elle. On se tait dans la salle.
Il regarde un moment la morte toute pâle
Puis, lui prenant la main : « Jeune fille, debout ! »
Dit-il à haute voix !... La morte tout à coup
Soulève de ses yeux les cils et la paupière,
Regarde Jésus-Christ, puis son père et sa mère.
Un sourire charmant sur sa lèvre s'éclot.
La mère tout émue arrête son sanglot
L'enfant pleine de vie alors lève la tête,
Descend, court à sa mère et dans ses bras se jette....
O Jésus ! quels baisers a mis sur votre main
L'enfant ressuscitée à votre ordre divin !

# 24me Dimanche après la Pentecôte

## La Fin du Monde

Le monde finira, car Jésus-Christ l'a dit
Et tout ce qu'il annonce, en effet s'accomplit.
Mais, quand finira-t-il ? Pour nous c'est un mystère.
C'est le secret de Dieu Créateur de la terre….
Jésus-Christ tout à coup paraîtra dans les cieux
A côté de sa croix, étendard glorieux.
Il sera précédé des célestes phalanges.
Les hommes étonnés alors verront les anges
Passer rapidement aussi prompts que l'éclair
Qui sillonne le ciel en scintillant dans l'air.
Le soleil obscurci se couvrira d'un voile
Et l'on verra frémir la lune et chaque étoile.
L'Océan furieux sortira de ses bords
Et de terre partout surgiront tous les morts.
Ils se rassembleront au son de la trompette
Qui jettera l'effroi sur la terre inquiète.
Les justes seront mis à droite de Jésus,
A gauche les méchants ennemis des élus.
Puis après le grand bruit voici le grand silence,
Le Christ majestueux prononce la sentence.
S'adressant aux élus : « Vous tous, venez à moi »
Dit-il. Puis regardant les damnés pleins d'effroi .

Avec des yeux perçants, jetant des étincelles
Il dit : « Allez, maudits, aux flammes éternelles !... »
Et ce sera pour eux le début des tourments,
Du désespoir sans fin, des grincements de dents....
Ils tomberont du ciel plus vite que la foudre
Qui frappe le rocher et le réduit en poudre,
Ils seront engloutis dans l'enfer mérité,
Perdus et condamnés pour une éternité.

# La Toussaint

(1<sup>er</sup> Novembre)

Saint Jean l'apôtre aimé vit s'entr'ouvrir le ciel
Ce séjour de bonheur où règne l'Eternel.
Il fut par la pensée et dans un vol sublime
Transporté le dimanche à l'éternelle cime :
Il vit dans la splendeur d'un soleil éclatant
Dieu le Père entouré des anges l'adorant.
Il vit le Saint-Esprit éternelle lumière,
Epandant ses rayons près du Fils et du Père
Et sur un trône d'or brillant comme un flambeau
Il vit Notre-Seigneur pareil au doux Agneau ;
Vingt-quatre beaux vieillards à la barbe de neige
En cercle près de Lui formaient son blanc cortège,
Des anges par milliers, des séraphins de feu
Brûlaient un pur encens et chantaient le bon Dieu.
La Vierge au front pudique ombragé par ses voiles
S'élançait gracieuse au milieu des étoiles
Elle avait à ses pieds un lumineux croissant
Les anges et les saints auprès d'Elle passant
Comme de blancs flocons qu'un vent léger entraîne
La saluaient bien bas et l'appelaient leur Reine.
Les apôtres du Christ sur des trônes assis
Tenaient les Livres saints par eux-mêmes écrits.

Les martyrs revêtus de vêtements de flamme
S'avançaient en portant dans la main une palme.
Puis, comme un champ de lis, belles de pureté
Passaient toutes les fleurs de la virginité.
Lorsque l'Agneau divin marchait dans la lumière
Les Vierges le suivaient à la place première.
L'apôtre vit aussi dans la splendeur des cieux
Passer d'autres élus encor bien plus nombreux.
Ils étaient, a-t-il dit, en nombre incalculable
Venus de tout pays, de tout monde habitable....
C'est la foule des saints ici-bas inconnus
Mais triomphant au ciel à côté de Jésus.
Lorsque l'Agneau divin se levait de son trône
Au-dessus des vieillards formant une couronne,
Les anges et les saints l'acclamaient en disant :
« Gloire, honneur éternel à l'Agneau tout-puissant ! »

# 1<sup>er</sup> Dimanche de l'Avent

## La Fin du Monde

« Lorsque vous entendrez la voix grave et profonde
De la terre qui tremble et de la mer qui gronde
Lorsque des continents les monts s'ébranleront,
Et que dans l'air en feu les astres tomberont,
Ce sera, dit Jésus, une preuve certaine
Pour le monde créé, que sa fin est prochaine.
Voyez, ajoutait-il, là-bas ce vert figuier !
Quand éclate au soleil le bourgeon printanier,
Sachez que n'est pas loin avril le mois des roses.
Quand les hommes verront venir ces tristes choses
Dont je vous ai parlé, qu'ils sachent bien aussi
Que tout proche est le temps du retour du Messie.
Tout ici-bas s'enfuit, et s'abîme et s'efface
Mais, ma parole à moi sans s'accomplir ne passe. »

# 2<sup>me</sup> Dimanche de l'Avent



### Réponse de Jésus
### aux Disciples de Jean-Baptiste

Hérode le tétrarque avait mis sans raison
Jean-Baptiste le saint, le prophète, en prison.
Et depuis quelques mois Jésus de Galilée
Faisait parler de Lui dans toute la Judée.
On vantait sa bonté, ses miracles surtout
Et le peuple venait, pour le voir, de partout.
Jean-Baptiste voulut convaincre ses disciples
Que Jésus était bien par ses grâces multiples
Le saint venu du ciel et le vrai Fils de Dieu.
S'étant donc informé par des témoins, du lieu
Où se tenait Jésus, il manda vers ce Maître
Deux ou trois messagers qui pussent le connaître.
Les disciples de Jean rencontrèrent Jésus
Dont ils savaient déjà les multiples vertus.
« Maître, lui dirent-ils, êtes-vous le Messie ? »
Voici ce qu'alors fit Jésus né de Marie.
Il se fit amener des malades nombreux,
Des aveugles, des sourds, des muets, des boîteux
Et tous il les guérit sur le champ par miracles
Accomplissant ainsi la voix des saints Oracles.
Au sujet du Messie. Il leur prouvait ainsi
Qu'il était bien le Christ, le Fils de Dieu béni.

# 3<sup>me</sup> Dimanche de l'Avent

**Jean-Baptiste
Précurseur du Messie**

Là-bas près du Jourdain qui coule dans la plaine
Au-delà de ces monts liés comme une chaîne
Un homme se tenait, un véritable saint,
Vivant de miel sauvage à la place de pain,
Ayant pour se couvrir une rude vêture
Faite en poils de chameau ; sans souliers, sans coiffure ;
Priant, jeûnant, prêchant la parole de Dieu
A tous les voyageurs qui passaient en ce lieu.
Et cet homme était Jean, précurseur du Messie
Connu pour sa sagesse et son austère vie.
Sa renommée émut même les Pharisiens,
Les Scribes, les Docteurs, avec les Hérodiens.
Et de Jérusalem plusieurs fois ces faux sages
Envoyèrent vers lui des porteurs de messages
Afin de s'enquérir s'il n'était point le Christ
Qu'Israël attendait. Et Jean leur répondit
Par une expression à forme symbolique :
« Je ne suis que la voix dans ce lieu désertique
De celui qui là-haut règne dans la splendeur
Et qui dit : Préparez une voie au Seigneur.
Bientôt vous le verrez le Christ à l'âme pure
Je ne mérite pas de délier sa chaussure
Je suis le précurseur de ce Dieu, de ce Roi
Et m'incline à ses pieds : il est plus grand que moi. »

# 4<sup>me</sup> Dimanche de l'Avent

## Discours de Jean-Baptiste

Jean-Baptiste prêchait toujours près du Jourdain
L'amour pour le bon Dieu, l'amour pour le prochain.
Au riche il commandait la bonté, la largesse,
Au fort plus de respect pour l'infirme vieillesse,
Au soldat la justice ainsi que la douceur,
A l'ouvrier l'amour du quotidien labeur.
Envers les Pharisiens Jean se montrait sévère.
Souvent il les traitait de races de vipère,
De sépulcres blanchis, de cœurs gonflés d'orgueil
Et d'ossements cachés dans un brillant cercueil.
Il employait ainsi l'énergique langage
Qu'emploierait à son tour Jésus le Maître sage.
Puis il disait encor : « Rendez droit le sentier
Par lequel le Seigneur votre Dieu va passer.
De votre orgueil mauvais jetez en bas la cime,
A la place mettez l'humilité sublime....
Allons, préparez-vous, car bientôt en ce lieu
Vous allez voir venir le Sauveur, Fils de Dieu. »

# TABLE DES MATIÈRES

AVIGNON. — MAISON AUBANEL PÈRE

www.ingramcontent.com/pod-product-compliance
Ingram Content Group UK Ltd.
Pitfield, Milton Keynes, MK11 3LW, UK
UKHW022313070726
13614UKWH00002B/700